我国领先企业
管理实践的理论价值发现：
从实践到理论的路径探索

乐国林　毛淑珍　曾　昊　高　艳　等◎著

Theoretical Value Discovery of Chinese Outstanding
Enterprises Management Practice:
Path Exploration from Practice to Theory

经济管理出版社
ECONOMY & MANAGEMENT PUBLISHING HOUSE

图书在版编目（CIP）数据

我国领先企业管理实践的理论价值发现：从实践到理论的路径探索/乐国林等著．—北京：经济管理出版社，2022.12

ISBN 978-7-5096-8921-9

Ⅰ．①我…　Ⅱ．①乐…　Ⅲ．①企业管理—研究—中国　Ⅳ．①F279.23

中国版本图书馆 CIP 数据核字（2022）第 254577 号

组稿编辑：申桂萍
责任编辑：赵天宇
责任印制：黄章平
责任校对：蔡晓臻

出版发行：经济管理出版社
　　　　　（北京市海淀区北蜂窝 8 号中雅大厦 A 座 11 层　100038）
网　　址：www.E-mp.com.cn
电　　话：(010) 51915602
印　　刷：唐山昊达印刷有限公司
经　　销：新华书店
开　　本：720mm×1000mm/16
印　　张：12.75
字　　数：203 千字
版　　次：2023 年 5 月第 1 版　　2023 年 5 月第 1 次印刷
书　　号：ISBN 978-7-5096-8921-9
定　　价：68.00 元

序

　　改革开放以来，我国企业在引进西方技术、设备、人才的同时，也引进吸收了西方的现代管理思想与方法，并在与国内外企业的市场竞争中不断成长。不少企业在这个过程中，成长为行业领先者，且超越了它们曾经羡慕的国外同行标杆企业，在国际占有一席之地。目前我国的世界500强企业总数已经连续三年居全球首位。与此同时，中国企业和企业家也在不断崛起，成为全球商业不可忽视的力量。不断涌现、崛起的中国领先企业不仅壮大了中国经济全球竞争力，而且也为"中国管理模式"创造了可信的基础，这些都印证了德鲁克关于21世纪让中国向世界分享管理奥秘的预言。

　　我国不断涌现的领先企业在经营管理思想、制度、方法方面，也如西方优秀的企业一样蕴含了非常有价值的创新的理论、方法与工具，如我们所熟知的海尔的"人单合一"管理、华为的灰度管理等。进一步，深植中国本土的这些领先企业的成长实践为中国本土管理理论建立提供了可能，从其中提炼构建的本土管理理论，可以贡献新的管理知识，提升我国在全球管理学领域的理论自信与文化自信。那么，如何从我国领先企业实践中提炼和发展有价值的管理理论，使其饱有实践的温度和理论的高度，这既是关注中国管理的有识之士所关心的问题之一，也是我一直以来十分关注的学术话题。乐国林老师及其团队以此问题为核心，形成《我国领先企业管理实践的理论价值发现：从实践到理论的路径探索》成果，并邀请我推荐作序，我甚为荣幸并乐于推荐。

国林老师长期关注领先企业管理实践研究领域，并取得许多成果，其合著的《中国领先企业管理思想研究》内涵丰富，令人印象深刻。由此，这些成果还获得了中国软科学管理专项奖。在新著中，作者重点从两个方面开展研究：

一方面回答中国领先企业对于管理学在中国发展的重要价值，该研究从理论价值、实践示范价值和本土文化价值等方面分析了我国领先企业实践的价值和贡献。通过对我国领先企业的实践研究，可以打造出全新的"中国理念、实践创造"的管理范例。

另一方面回答如何从我国领先企业实践中提炼和发展有价值的管理理论。该研究分两个层面回答，一是从企业自身角度，优秀企业重视对自身长期发展实践研究，提炼自身的发展模式与理论，书中称为"管理微理论"，尤其是通过扎根方法提炼出领先企业自主管理研究模型；二是从研究者角度，根据建构论结合作者的实践探索发展出以研究者嵌入实践为中心的"实践—问题—命题/模型—学说"的4P方法论。本书基于企业自主管理实践研究视角和4P方法论，归纳总结了海尔"人单合一"的实践管理理论、华为的灰度管理的实践管理理论、东方希望的相对优势实践管理理论，并指出这三个案例企业微理论的学术意义与实践价值。

当前直面中国管理实践，发展中国管理理论，构建"中国管理模式"，贡献全球管理的中国方案，已经成为共识，国林老师关于领先企业实践的理论价值发现的研究来得正当其时，为实践导向管理研究提供了值得借鉴的方法论。该成果研究基础扎实，两种发现领先企业实践价值的研究方法论论证科学严谨，并可相互借鉴，对企业实践者和学术研究者都具有启发应用效应，有助于中国管理科学的形成与高质量发展。期待乐国林老师及其团队由此出发，进一步研究，形成更多更有价值的本土管理研究成果，为中国管理享誉世界做出贡献。

王方华

上海交通大学安泰经济与管理学院前院长、上海管理科学学会前理事长、曾任国务院学位办工商管理学科评议组成员

2023 年 4 月 10 日

前　言

　　国家提出要立足中国、借鉴国外，挖掘历史、把握当代，关怀人类、面向未来的思路，构建中国特色哲学社会科学。在现代化国家建设征程上建立自己的学术体系、话语体系，在此大势与语境下，管理学领域直面中国管理实践的研究议题在国内外关注热度更加高涨，虽然许多学者对此提出了真知灼见，但如何从商业实践中提炼出既有科学理论意义又有实践效用的管理理论/知识，依然是发展中国本土管理的重大挑战。而我国涌现出的越来越多、越来越强大的领先企业，其管理实践蕴含着发展中国本土管理理论的"金矿"，如果能找到合适的方法论，不仅能提炼我国领先企业的实践精华，更能展现出本土管理的理论之光。

　　基于此，以何种研究方法与路径发现我国领先企业管理实践的科学范型与理论之光成为本书研究的问题"锚点"与研究目标。本书从选题背景和研究综述出发，以建构主义理论为基础，系统论述我国领先企业管理实践的意义和价值。在此基础上，分别从管理实践者和管理学者两个视角探索基于领先企业实践的管理理论构建的方法论。就前者而言，本书观察到许多领先企业都有总结和提炼本企业管理实践经验与教训发展自身管理理论的自我研究"惯习"，并形成管理"微理论"。以建构主义的扎根方法论和案例研究为工具，本书对海尔、华为两家领先企业实践素材的扎根分析，通过迭代提炼得出了企业实践者发展本企业的管理微理论的内在机理与方法。

　　研究者可通过扬弃"学院派"传统研究惯习，"悬置"自己所具有的系统的、丰富的和"确定感"的理论知识，在中国管理实践的场景中建构体现现实而又高于现实的管理知识，达到研究"求真"，实践"求善"。本书基于《领先之道》的研究案例和课题组多年对领先企业实践的研究经验，提出了管理学者基于实践发展理论的 4P 方法论，并结合对领先企业"和""变""用"管理思想的提炼，展示了 4P 方法论在本土管理实践研究中的应用。

基于访谈调研和案例素材，对海尔的人单合一论、华为的灰度管理论、东方希望集团的企业相对优势论三个本土领先企业自主探索的"管理微理论"，从内涵要素、产生发展、学术与应用价值等方面进行比较系统的论述，体现我国领先企业的"理论自觉性"和理论的实践生命力。

目　录

第一章　导论

第一节　研究背景

一、我国管理学发展的理论需求背景

理论与实践历来是相互依存的关系，理论是人类在生产生活实践中经验的总结与概括，它来源于实践，同时也要服务于实践，并接受大量实践的检验。由于理论对实践具有极强的指导意义，所以需要通过实践不断检验、吸纳新的信息，修正自身的不足，从而完成自身的更新与发展。作为由实践转化生成理论的代表，"科学管理"理论距今已提出并发展了一百多年，在这一百多年中，不断有专家学者对科学管理理论进行更深层次的分析与补充，同时，也在"科学管理"理论的基础上和实践中衍化生成了其他的理论，如管理科学学派理论、决策学派理论等，这些理论既继承了"科学管理"，又在实践的基础上加以完善，最终形成了一套比较完善的管理理论体系。

管理学有两个基本属性，即科学性和实践性。管理学的科学性来源于其实践性，实践性沿着科学性不断进步，两者需要不断跨越新的时空情境才能推动管理

学不断发展。不过，当下的管理学无论是国内还是国外基本由西方管理学来主宰——西方的管理实践、西方的管理价值体系、西方的管理科学体系。我们以西方为师，是否就应该"全盘西化"，中国的管理实践是否有可以贡献的理论圭臬？中国的企业发展到今天日益站稳成世界 500 强的第一方阵，是否都是得益于西方管理，而没有自己复制推展并经得起考验的模式与经验？对此，苏勇和段雅婧（2019）也提出了疑问：管理学就应该由西方一统天下吗？从历史发展进程的趋势来看，全球化趋势不断加深；从中国与世界的关系来看，中国的发展离不开世界，世界的繁荣也离不开中国。既然如此，中国学者难道不应从"管理理论中国化"向"中国化的管理理论"进行转变？历经时间检验的西方管理理论会不会出现由于实践总结的滞后导致理论成果的不成熟现象？该理论能否真正适用于现代中国企业的经营管理？扎根中国管理实践产生的本土管理知识能否反过来贡献于西方管理、贡献于世界管理？会在哪些方面，以什么形态来呈现？这些都是管理学学者应该思考的问题。

众所周知，社会科学理论的解释和应用具有鲜明的相对主义的特点（杜运周和孙宁，2022），文化、空间与时代差异影响甚至决定了社会科学理论普适性的普适范围、普适相对性，管理学理论作为社会科学理论体系之一，其在中西方的文化语境的内涵与外在必然存在差异性。进一步来说，中国与西方国家存在较大的文化差异和地域差异，想要真正解决该差异带来的影响，席酉民和刘鹏（2019）提出了管理学可能从两个方面进行突破：其一是方法论的突破，挖掘中国领先企业在管理实践中应对复杂性问题的智慧并进行理论构建；其二是提炼出多种智能管理实践并存的管理架构。为达到上述目的，可以选择对西方管理理论进行加工和更新，改造出适合中国企业的管理理论来指导企业的实践活动，也可以选择在西方管理理论的背景下，根据中国领先企业的实践活动构建适合中国企业的管理理论，这样不仅能让管理理论更符合中国实际，还能够丰富我国管理理论体系。魏江等（2022）提出要矫正西方世界对中国管理实践的"偏狭性认知"，改变对西方观点的盲从，在管理理论建构中高度重视对中国哲学社会科学话语权的掌握，从实际出发，开发和传播中国特色的管理理论并由此建立本土的管理科学体系。

中国许多企业将国外的管理理论应用到企业自身的实践中，在实践中企业会根据自身的特点不断地归纳和完善自己的管理理念、管理方法，形成一套属于企业自身的、独特的管理理论，以产品、品牌、人才理论等支撑企业的发展，完成由普通企业向领先企业的过渡。领先企业能够在行业中一直领先，不仅是因为这些企业具有招牌产品或知名品牌，还在一定程度上取决于企业的管理理念。领先企业的经营理念大多来自对自身实践的总结，它们基于企业成长过程中面对的各种复杂多变的问题，因为已有的管理理论难以解决这些形形色色的问题，所以创造性地提出各种解决方案，从而成功地化解了各种难题，使企业突破瓶颈或战胜危机。在不断解决问题的过程中，许多企业根据自己的实际情况，结合已有的管理理论，迸发出新的管理思想，有的甚至形成了新的具有特色的管理理论，被其他企业学习、复制和应用。例如，海尔早期创造的 OEC（Overall Every Control and Clear）理念与质量管理模式，现在的创客理念与人单合一模式。综观全球众多领先企业，它们都基于自身实践情况总结出了独具特色的管理思想或理论。这些不断更新的管理理论不仅能够帮助领先企业取得巨大的成就，还发展成为一种具有普适性的理论，为全球范围内的企业树立榜样，很多企业都开始学习并将其转化为企业的文化理念，推动企业管理实践的发展。

二、我国领先企业成功实践素材背景

改革开放 40 多年以来，我国成长起来了以华为和海尔等企业为代表的一批优秀企业。就世界 500 强企业排行榜来看，从最初的中国企业很难入选，发展到如今有 136 家企业（不含 8 家中国台湾企业）凭借"中国速度"进入 2022 年世界 500 强企业排行榜，继续占据总数排名第一位，并且入围的中国企业的排名也在不断上升，这足以证明我国优秀企业的影响力在全球范围内也在不断提升。管理大师德鲁克曾预言："21 世纪中国将与世界分享管理奥秘。"无论是中国的领先企业还是处于世界 500 强的中国企业，它们所取得的成就都归功于独特的经营管理思想或管理理论，这些管理理念是企业智慧的结晶。虽然国外管理理论纷至沓来，但越来越多的企业家意识到并非所有"舶来的"管理理念和方法都是有效的，我国领先企业开始认识到本土化的实用管理成为中国企业的务实选择。宋志平先生提出的"三精管理"大工法——组织精健化、管理精细化和经营精益化，精练地将组织、管理及经营一体化嵌入企业运行中；马化腾把腾讯打造成生物型组织，让企业组织自我进化，致力于企业拥有互联网生态中的和谐、共生的特性，推动企业多方面创新；梁稳根凭借坚定的理想信念，以"改变中国制造业落后现状"为管理目标，把三一重工发展成为全球前五的工程机械制造商；浪潮开始利用云计算、城市门户等推动企业的数字化转型，其前沿的管理实践推动了企业智能化发展，也为企业更新管理理念提供了参考；曹德旺认为做好品牌的第一要义是人品，企业家必须守商道、讲利义。通过上述对中国领先企业管理方式的了解，我们可以发现中国领先企业的成功实践归功于实行中国理念与西方标准相结合的管理方法，既基于本土环境、人们的价值观、生活习惯和思维方式，又遵循科学管理当中的制度和刚性。在理论界，席酉民等提出的"和谐管理"、齐善鸿的"道本管理"、苏东水提出的东方管理思想等受到一定关注。上述管理理论或理念是中国这些领先企业在前人的科学管理理论的基础上，借鉴中国本土优秀的传统文化并结合企业自身的管理实践特性总结提炼而来的，中国领先企业管理创新的成功实践对后发企业或处于艰难跋涉的企业有着迁移示范性和实践学习效应，为本土企业管理的良好发展提供了机会与可借鉴的素材。全球范围内，我国领先企业能够从追赶，到并行，再到领先，各有一套简练、深刻而又不断进化的管理实践理论，这套理论能够应对时代的竞争环境，符合员工的心智机理，让企业所有人员在面对冲击和竞争时能够依循企业的经营文化与企业精神积极有为地解决各种跨文化管理问题，使企业适应国际化的环境并持续竞争领先。

三、讲好"中国故事"的管理教育背景

从历史轨迹追溯，我国的管理教育早在清朝末年通过引进日本、欧洲、美国的管理知识案例便已经开始，比较典型的是京师大学堂仿照日本高等学堂开设了

产业制造学、商业史学、簿记学等课程。① 而现当代的管理教育随着改革开放的步伐，大学恢复重建商学院、管理学院而开始，1990 年后国内兴办 MBA 和 EM-BA 教育将管理教育推向了新的高潮，并推动了商学院教育的国际化浪潮。无论是清末的管理教育还是现当代的管理教育，我国的管理教育都存在一个深刻的"西方化"烙印，引进西方管理知识、西方管理教育的学科制度设置、西方的企业案例，甚至西方化的师资。引进国外的管理教育并按其套路全盘"照着讲"，以此为我国的企业无论是国企还是民企培养了大量的人才，相比于改革开放以前，企业管理人员知识结构发生了时代性变化。②

当然，在看到西方管理教育引进为国内经营管理人员进行了广泛的"管理科普""管理思想启蒙"后，是否仍要全盘"照着讲"，西方的管理知识体系能否满足国内商业水平提高、竞争日趋激烈的管理教育需求，西方管理是否符合与满足中国本土制度与文化情境形塑的管理实践？这些都是我国的管理教育机构、管理研究者乃至企业经营管理者值得深思的问题。成思危（1998）提出要加强"我国管理科学的现状"研究，国内越来越多的专业人士对管理教育引进西方"照着讲"提出反思与批判，指出当前中国管理教育存在过度西方化、远离市场现实、功利化教育严重、缺乏本土管理特色教育、缺乏信仰与价值观教育、缺乏创新能力教育，主张要明确新时代的商学院的价值取向与社会责任，培养有创新能力的管理者，重视价值观的启发教育和人文精神的传承重塑，强化本土管理实践的教育价值，走中西融合之路（彭贺，2010；余明阳，2012；罗运鹏，2013；慕凤丽和 Hatch，2017；刘书博，2021），等等。我国管理教育的反思以及我们所见证的越来越多中国企业在全球商业领域的竞争领先，预示国内管理教育从"照着西方讲"，走向"接着中国讲"和"走出中国讲"，也就是德鲁克所预见的中国向世界分享"管理的奥秘"。我国管理教育在这方面面临着非常好的机遇。

我国企业在国内外商业发展、市场竞争和商业创新中不断成长进步，越来越

---

① 罗运鹏. 我国管理教育的缺陷及未来发展路径 ［J］. 管理学报，2013，10（11）：1577-1582.
② 汪应洛，李怀祖. 改革开放与大学管理教育兴起 ［J］. 西安交通大学学报（社会科学版），2018，38（6）：1-8.

多的企业在全球发展竞争中成为行业翘楚，进入世界 500 强的企业数量持续位列各国之首。这些行业领先的本土头部企业，不仅在资本投入、技术创新、产品质量和市场策略等方面成效卓优，而且在商业模式的创新变革、企业管理探索、领导力等方面形成丰厚的知识积淀，通过系统性的开发整理，这些知识积淀成为国内管理教育的管理思想库、知识库和管理工具库。事实上，我国国内已经有若干企业以其卓越的经营管理进入了美国著名大学的管理案例库或教学课堂，例如海尔的激活"休克鱼"和人单合一、阿里巴巴的内部竞争大于合作、中粮集团的变革战略的选择、伊利的打造全球化乳业公司。此外，越来越多的领先企业重视提炼自身的成功管理经验形成比较稳定系统的管理知识，同时以开放的心态吸收外部管理知识与方法，从而形成领先企业管理思想、知识、方法与工具的"知识富矿"。

吸收国外管理学有益知识，习练本土领先企业管理经验与知识，"讲好中国故事"，重建大学商科教育与社会实践需求的联系，培养负责任的领导者，造就更多有职业操守和胜任力的管理者，[①] 跟上动荡、不确定环境中的企业实践步伐，打造更多的全球竞争领先的本土头部企业和一大批高质量经营的中小企业，这应是新时代我国管理教育的目标。我国的领先企业已经为这一管理教育目标的达成提供了足够丰富的知识库存，我们的研究将揭示领先实践的知识价值和领先企业思考自身发展问题方法论模式。

第二节　研究意义

从历史发展来看，西方管理思想的发展受益于从 19 世纪 20 年代的英国工厂到 20 世纪 60 年代的美国企业的成功实践，创建形成了多个管理流派，其思想、技术与方法随着资本的扩张与企业国际化经营向全球扩散传播。在这一历史语境

---

① 陈春花．商学教育的自我重塑［J］．管理学报，2021，18（11）：1606-1608.

下，我国企业在管理方面也主要是学习和应用西方管理思想与技术方法，开展创业、成长与竞争，并逐渐形成一批在国内外有竞争力和影响力的大公司，彰显了我国经济在全球的大国地位。不过，尽管我国企业的实力在全球范围内不断上升，但企业所秉持的管理思想、方法和技术却没有跳脱西方的管理思想范式，在中国管理理论与模式的创建方面尚未形成体系规范、成熟度高、实践性强、影响力大的管理思想与理论。在中国企业特别是中国领先企业的广泛实践基础上，开展管理的"中国理论"构建，打造全新的"中国理念、实践创造"的管理经典，推动中国企业长足发展与进步，是学界和业界的共同使命。

进一步，理论构建是以实践为基础，向理论转化的过程，理论是正确实践的成果，并反作用于实践活动，两者相辅相成，都能够推动中国管理实践和管理理论研究进一步发展。在推动基于我国管理实践打造管理的"中国理论"中，领先企业的实践及其自身的经验性理论探索，对管理理论构建与管理技术方法的发展具有重要意义。综观中国领先企业的实践活动，发现其实践活动和经验性管理理论①的研究与成果正快速增长，国内外学者针对中国领先企业管理实践和管理理论的研究亦在不断丰富。因此，在现有的针对领先企业进行研究取得的成果上，对我国领先企业的管理实践的价值进行分析，探讨从领先企业实践建构管理理论的逻辑，尤其是以我国领先企业为例，不仅能够丰富对中国情境的相关研究，而且能够提炼出产生于中国的管理理论②，并对中国企业整体管理水平提升具有实践意义。

一、理论意义

第一，探索领先企业管理实践，为具有本土管理特征的本土"中层"管理理论的发展提供实践引导，为"管理的中国理论"建设贡献理论价值。本书在

---

① 例如：华为"以客户为中心，以奋斗者为本，长期坚持艰苦奋斗"的灰度理论；海尔集团人单合一模式论；联想集团的管理三要素论；中国建材集团的"组织精健化、管理精细化、经营精益化"的"三精管理"论（前总裁宋志平先生提出）；中化集团的"选经理人、组建团队、发展战略、市场竞争力、价值创造"的五步组合论。
② 杨杜．中国企业和中国管理向何处去［J］．管理学报，2020，17（7）：971–974.

前期有关领先企业的案例、领先企业成功因素和领先企业成功模型的基础上，系统地探讨了本土管理实践重要价值，并提出从领先企业实践提炼出领先企业的管理思想出发，将其发展为一种本土"中层"管理理论的可能性。而这种中层理论融合了中国本土的特定情境和领先企业长期实践，能够为各类企业的发展提供一个中国本土管理知识，让"管理的中国理论"对中国企业更具有普适性。实际上，在管理发展历史中，许多优秀的管理理论和思想均来源于那个年代领先企业的实践和研究者对管理实践的嵌入，如米德威钢铁公司之于科学管理、科芒特里-富香博-德卡维尔公司之于职能管理、西方电气公司之于行为科学理论、通用电气之于目标管理等。从我国商业发展来说，在改革开放时代创业、成长和发展而来的我国领先企业，在经营与成长中无一不面对世界优秀的跨国企业的竞争，这些企业正是在与全球企业的学习、竞争、合作中不断总结经验与教训，形成符合自身发展、行业趋势的管理理念与行动知识。而深植中国本土的这些领先企业成长实践可为中国本土管理理论建立提供可能，从中提炼并构建本土的管理理论，可以贡献出新的管理知识，增强中国在管理领域的话语权，并对其他企业的实践具有指导和迁移使用的实践价值[①]。

第二，以中国领先企业为对象探索本土管理实践理论的发展路径，为中国管理的理论发展提供方法论参照。在目前的管理研究领域中，众多学者意识到中国企业管理实践具有其独特之处，发端于欧美的西方管理理论并不完全适用于有着浓厚文化底蕴的中国情境。所以目前华人学者对管理的中国理论和中国的管理理论的关注、呼吁与研究越来越多。随着针对中国情境的管理研究越来越多，这些研究所得出的理论的效度正在被检验，理论建构目前处于一个信度与效度反复检验的过程中。有学者在对中国本土管理文献回顾基础上指出，当前的本土管理研究在完成哲学基础的思辨、研究范式的思辨、路径构建探索后，亟须通过实践数据获取、科学方法手段开发高层次的中国管理理论（苏勇等，2020）。基于此，本书回应了管理学者直面中国管理实践研究的倡议，通过分析我国领先企业管理

① 谢永珍. 反思与超越：中国本土管理研究的道路自信与价值诉求［J］. 济南大学学报（社科版），2017，27（3）：8-14.

实践研究的价值，以建构主义理论、场域理论为基础，基于我国领先企业（家）的经营管理实践与经验知识，提出开展中国本土领先企业管理研究的方法论，并归纳提炼了海尔、华为、东方希望等企业的管理思想，具有一定的创新性，弥补了中国情境下如何开展实践管理研究的不足。

二、实践意义

第一，通过分析领先企业管理理论建构的必要性，有助于促进企业中的管理实践者与研究者进行更为有效的交流。管理理论与管理实践二者相辅相成，缺一不可。臧志和沈超红（2011）提出管理研究者和实践者之间的障碍，既不利于管理研究的发展，也对管理实践的改善造成了影响。通过对我国领先企业管理理论与实践的分析认为，两者可以通过合作、制定规则等方式消除存在的鸿沟。让理论服务于实践，实践反过来迅速促进领先企业的管理理论构建，打破障碍，为领先企业管理理论的构建和实践创新做出贡献。让有志学者将中国领先企业的丰富实践和理论、组织方法、经营方式、财务管理知识丰富提炼为具有普适性的理论，形成具有中国文化特征的方式方法，促进管理理论和管理实践的良性发展。

第二，通过了解领先企业管理实践活动的逻辑，有助于为中国其他企业的可持续发展提供一定的指导，引领中国企业管理实践的创新。受益于我国完善的产业生态和互联网技术的快速发展，以及国内外管理学者对中国管理实践和管理理论的指导，我国领先企业的数量越来越多，领先企业所涉及的行业也越来越广，由最初的垄断行业，如石油、通信等，到目前的家电业、建筑业及互联网行业，中国的领先企业也开始跻身于世界前列，在世界上的领先程度也越来越高，成为名副其实的行业先锋。鉴于此，探讨中国领先企业成长的轨迹，了解领先企业在管理实践中的活动，找到中国领先企业领先的原因和规律，总结归纳我国领先企业实践生成理论的逻辑，便可获得对全球其他企业具有普适性的管理实践方法和管理理论。这样不仅能够为后发企业的实践活动提供一定的指导，还能够利用这样一套理论帮助这些企业更快更好地成长，最终成为行业标杆。

第三节 相关文献综述

一、领先企业相关研究

1. 领先企业的特征

领先企业在每个国家产业经济的发展与壮大中具有标杆引领的作用，这些企业能否持续成长与领先，无论对于企业自身来说，还是对于国家产业价值链而言，都具有十分重要的影响。无论是中国还是世界，领先企业在全球的商业管理、经济运行、社会发展中的影响力都是广泛而深远的。例如，福特汽车公司开创的流水线生产组织形式以及福特汽车品牌成为工业发展与社会生活的文化符号。又如，华为公司，尽管创业发展只有 30 多年，但其在全球通信领域的成长与竞争力不断获得后发优势，目前已经成为全球通信产业发展的风向标，华为的管理模式与华为手机的品牌已经成为商业与社会广受好评的品牌。

罗兰贝格（2017）认为，"世界一流企业"的特征包括海外收入份额，跨地区经营利润分配，管理团队整合，拥有综合且独特的发展战略计划，全球品牌或形象影响，全球技术影响力，以及国际化发展治理模式和跨公司合作与拓展合作伙伴关系等。波士顿咨询公司（2011）也提出，世界一流企业需要具备：竞争优势的系统规划、业务灵活度和集中度、充分的资本流动、高效创新团队。从相关文献、领先企业实践的观察和本书概念界定来说，领先企业应具有持续引领、敢为人先、贡献价值三个特征。具体而言：第一，持续引领：这是领先企业最直接的特征，指的是领先企业的产值或规模、市场竞争力、营业收入、利润、品牌价值等经营指标方面持续处于行业前列，在市场竞争中处于优势地位。第二，敢为人先：这是指领先企业在企业发展内在要素方面敢于先人创新并取得成效，从而使本企业获得持续竞争力，这些内在要素包括技术、研发、市场、整体运营、组织文化、管理制度或品牌塑造等，这是领先企业领先的本质。第三，贡献价值：这是指领先企业的经营管理做法与经验成为行业学习标杆，在顾客价值创造、产业经济效益、社会效益方面具有突出的影响力与价值贡献。

顺着领先企业内涵与特征，大家很自然地会关心并提出，从哪些维度可以识别出领先企业，也就是领先企业的具体标准有哪些。财富500强一般都把企业的营收指标、利润指标作为其排名的核心指标，选拔出年度一流公司。陈春花则参考柯林斯基业长青企业筛选标准，根据自身对优秀企业案例的长期观察与实践咨询，提出领先企业的八个特征标准，即：①在同行业中受到推崇和认可；②存在非常明显的规模化的发展；③注重组织的不断完善和管理的不断提升；④具有自主经营的产品、品牌（或服务）；⑤对中国经济发展起到了重要的作用；⑥具有活力，受到关注；⑦独立持续经营超过10年；⑧年销售额超过200亿元人民币。

本书在此基础上进行修正和补充，提出领先企业应总体上满足以下十个标准：

（1）独立经营，并存在非常明显的规模化的发展。

（2）该企业至少保持10年的持续经营，主营业务明确稳定。

（3）年销售额一般超过200亿元人民币，根据不同行业该指标起点有差异。

（4）在行业综合竞争排名前20%，并受到同行业的推崇和认可。

（5）在研发与技改方面有规模性投入，并拥有自己独特的技术优势。

（6）有强大的品牌优势。

（7）拥有卓越的产品和服务。

（8）产权结构清晰，治理体系运作效率高。

（9）拥有被外界公认的卓越的企业文化和企业团队。

（10）拥有根据环境变化迅速做出组织及战略调整的能力。

这里的十个标准不一定领先企业各个都要在行业里面突出，但在整体上具有领先性和行业示范性。在具体标准中，前五项都应具备并且均处于行业前列。

2. 我国领先企业管理实践研究综述

从世界范围来看，最具权威性的领先企业是美国《财富》杂志"世界500

"强"企业。但对于学术界，还有一些叫法，比如"世界级企业""一流企业""卓越企业""行业先锋""头部企业"等，以上称呼都可统称为领先企业。不同学者的研究视角不同，对领先企业的研究结果也不相同。综观领先企业的相关研究，大多数是基于实证和案例的研究方法，将领先企业的研究从企业的文化、企业家和领导力、战略竞争和创新等视角进行划分。

透过企业的文化来看，《财富》榜显示中国进入世界500强的企业数量超越美国之际，中国企业的管理思想已然不只是中国之问，更是世界之问。其所蕴含的拥有着浓厚文化底蕴的中国情境，更适用于中国领先企业的发展。王亚南（2012）通过对通用电气公司的战略和企业文化的分析认为，通用电气能够一直保持领先地位，主要原因在于其战略和企业文化做得十分到位。骆正清和张薇（2013）从人力资源的角度研究了阿里巴巴的企业文化是如何落地的，并从员工和工作两个层面构建了创业型企业的企业文化落地路径。Steiber 和 Alänge（2013）分析了谷歌的成功经验，在不断变化的行业环境下，企业保持持续创新的组织特征，特征之一便在于创新和易于变化的文化。陈春花、乐国林等著的《中国领先企业管理思想研究》就是深植于中国管理现实，结合了中国本土企业的管理文化，透过领先企业高成长、经营哲学和组织文化，观察和理解管理实践，努力探索中国本土管理实践规律及其路径的尝试之作，书中以"和""变""用"等中国文化为基础，引入以华为公司为代表的领先企业的回溯性案例分析，证实领先企业经营管理中的"和""变""用"管理思想的可及性、实践性与实效性。

基于企业家和企业家领导力的视角，陈春花（2004）以华为、联想、宝钢、海尔、TCL 等企业为研究对象，通过对这些企业进行细致深入的调查研究，得出这些企业的内部动力均是其领导者，即具有英雄领袖情结，而且这些企业坚持将中国理念与西方标准相融合，用渠道对终端市场进行驱动，并积极建立利益共同体，这些方面相互作用，最终产生了企业文化、核心竞争力、快速反应能力和坚定的远景使命，从而进一步推动他们成为行业先锋。王东民（2010）从价值观入手，深入地剖析了稻盛和夫的经营哲学内涵。他认为，对于企业来讲，领导者自身所持有的价值观和思维方式是促使企业正常运转和取得成功的最重要的因素。任慧媛（2019）在对陈春花的访谈中指出，企业在发展过程中有两个最根本的障碍或者说最根本的动力，都与人相关。其中一个就是企业家本人，老板可能就是企业的天花板，只有老板不断地发展自己、变革自己，才能更好地领导他人，才能让企业有无限成长的可能性。

从企业成长与战略竞争来看，鲁桐（2007）总结了海尔、联想、中远等中国领先企业建立全球生产体系，树立国际品牌的"走出去"成长战略，进一步分析了中国企业"走出去"的战略选择、经营模式和组织架构搭建。康荣平和柯银斌（2006）以案例的方式呈现了中国、日本和德国冠军企业的成长历程和战略经验，提出了利基战略，为企业提供了一套在"做什么"和"怎么做"两个方面如何实现差别化的思路和方法。张洁等（2018）以华为和 IBM 为研究对象，探讨领先企业战略决策和制度，揭示了领先企业开放式双元创新的演进路径。郭年顺和李君然（2019）以华为海思为研究对象，构造了高技术工业中打破"后进者困境"的理论框架，研究发现，海思采取了独特的纵向一体化战略和内部行政协调模式，同时以通信工业中积累形成的体系竞争力为其发展出差异化竞争优势提供条件。

基于领先企业创新视角，有学者针对领先企业与跟随企业之间的关系进行了研究。杜欣等（2012）用模型研究和数值模拟的方法，研究了集群内的领先企业与跟随企业进行协同创新的两阶段过程，指出协同创新可实现领先企业和跟随企业的"双赢"；在协同创新过程中，跟随企业依附于领先企业，领先企业可获得比跟随企业更多的市场份额和利润。张敏等（2017）根据资源的不同结构将企业分为领先企业和跟随企业，通过进化博弈模型得出追随企业在高端市场的收益率情况会影响领先企业的创新模式。在创新路径研究上，石书德（2012）通过研究国际领先企业的技术创新特征，构建引导这些企业技术创新发展的评价指标体系，对于我国领先企业正确开展技术创新有重要的参考价值。张洁等（2018）探讨出领先企业开放式双元创新的演进路径，指出由于制度构成要素存在差异性，领先企业开放式双元创新演进路径存在差异性。

二、中国本土管理研究的内涵与研究路径相关研究

1. 中国本土管理研究的内涵及特征

（1）内涵

相比于西方的管理学研究，我国学者针对管理理论以及中国本土管理的研究起步较晚。陈劲和王鹏飞（2010）认为，中国管理学研究虽然起步基础比较薄弱，但在很多方面取得了迅速的发展。中国的管理研究既要探讨基本不受情境限定（Context-bounded）的管理理论研究，也要探讨受到情境限定或在特定情境中寻求更具有解释力的理论（井润田等，2020），提出符合中国国情的中国特色管理理论，正如 TSUI（2009）指出的，中国学者不应也不需要过于追随西方管理理论，中国的管理理论不是西方管理理论的验证，应该进一步解决中国管理的实际问题，提出适应中国实践与国情的管理理论。

在中国本土管理学的研究中，针对本土问题，李平（2010）认为，但凡涉及某个独特的本土现象或该现象中的某个独特元素，并且以本土视角探讨其本土性（主位）意义以及其可能普适性（客位）意义的研究，便是本土研究。吕力（2011）认为，本土管理中的"本土"与现代人类学所关注的"本土"有很多的共性。人类学主张将文化放入特定的历史环境和社会中，而本土研究正是在不同的历史和文化中进行研究的。郭重庆（2011）认为，中国本土化的管理思想是根植于我国社会组织和民族文化中的，研究者必须采用本土化价值观才能真正地理解。谢佩洪和魏农建（2012）认为，中国学者应该基于中国传统文化及近现代管理实践进行本土研究，并与西方管理理论和实践对话及整合，这是时代的呼唤。当然也有人认为，任何研究都是本土研究，因为它总是在特定的社会文化情境中发生的，得到的都是应用范围有限的地方性知识。从本质上说，徐淑英和张志学（2005）认为，中国本土管理研究是在进行学术研究时，考虑到中国的具体情况，进而拓展已有的理论，建立新理论。高婧等（2010）结合管理学研究的特性，在本土方法论的基础上对本土化的管理研究进行了定义，认为中国本土管理研究是从本土化的概念或视角出发，以中国独特的管理现象或管理要素为研究对象，运用

特定的理论结构或研究方法，解决中国特定文化情境中产生的管理实践问题。针对本土化与情景化的差异，徐淑英和吕力（2015）认为，目前中国管理研究的取向应该情境化并分为两类：一类是挖掘性情境研究，另一类是探索性情境研究。

（2）本土管理研究的特征

本土管理研究作为管理学科面向地域文化商业现象而实施的研究活动，它既要符合管理研究的科学规范，也要嵌入当地化的实践与文化语境，体现管理的"地方性知识"，从而形成鲜明的本土管理理论特征①。

第一，理论探索性。对于中国管理实践的推进和中国竞争能力的提升，TSANG（2009）指出，这需要管理学界对中国管理实践研究做出相应的理论探索和总结，这已经成为我国学术界与实业界的共识。中国的发展迫切需要积累管理知识，以帮助各类公司在这个动态多变的环境中运营，而这便需要根植于中国企业管理实践的研究与企业所关注的重大问题互动并贡献研究价值。黄津孚（2006）较早对"中国本土管理学"进行了系统反思，提出了"中国式管理研究"的六个基本命题，包括中国式管理的研究对象、研究内容、研究目的、研究意义、研究基础和研究方法，但对于目前是否存在中国式管理，或今后是否会形成中国式管理，仍存在着明显分歧。但徐淑英和吕力（2015）认为，建立中国本土管理学是可能的，因为欧美的管理理论不完全适用于有着浓厚文化底蕴的中国情境。很多学者认为我国对于中国特色的管理学知识和理论仍然处于探索阶段，在管理理论创新方面与我国经济大国的形象还有很大的差距，还未形成较为规范的科学研究范式。对此，吕力（2011）认为所谓"本土元素的确证"是一件非常困难的事情。的确，在中国管理理论不断发展的过程中，存在着与西方相似的问题，即理论与实践脱节，要直面实践，就需要多元化的方法论。但他也认为，即便中西方管理确实存在差异，也难以逻辑严谨地推导出"必须要建立一门中国本土管理学"的结论。只将中国本土管理情境说成是中国本土管理学可能是错误

---

① 张兵红和吴照云认为，中国管理理论的特征可以概括为：中国空间、中国文化、中国故事和中国语言。参见张兵红，吴照云. 中国管理理论概念研究：演变、重构及延伸［J］. 商业经济与管理，2021（11）：47-61.

的。由于我国学者对于中国特色的管理理论研究还处在探索阶段，其进展也是相对缓慢的，在研究的原创性、研究手段和经验方面都有很多不足，同时，研究立场、研究主题、研究思路和研究方法等方面具有明显的单向度特征，这种研究倾向可能会损害管理研究的丰富性和创造性，并有可能破坏或误导管理实践。谭力文（2011）认为，中国的管理学理论尚且处在探索阶段，研究与中国国情相适应的管理学理论应该结合中国的传统文化与思想。陈春花等（2014）认为，认识到了中国情境的特殊性，却缺少将理论由个性上升到共性、特殊上升到一般的过程。在将中国本土文化与管理相结合上，陈春花和乐国林（2014）认为，在提炼中国本土文化因子来探索中国领先企业的成长轨迹，并成为本土企业可资借鉴的管理理念方面，当前的研究仍处于广泛探索阶段。章凯等（2014）提出，我国的管理研究还处在探索阶段，从长远来看，实践应该本土化，理论要全球化和普适化。在探索中国本土管理的独特性上，陈春花和马胜辉（2017）提出中国的管理实践在发展中面临着独特和复杂的本土化环境，这可能是西方企业未曾经历过的，对此，还需要学者们不断探索。

第二，文化多元性。在中国管理研究和实践领域，我国并存着来自不同本土文化根源的管理思想、制度与方法，形成范式不一且系统杂糅的学派，如美国学派、欧洲学派、日本学派、东方学派等①。在中国占主导地位的管理理论与方法实际上还是美国学派，本土的古为今用和近为今用还是有一些的，但不占主导地位。在本土文化与西方文化对管理的影响方面，苏东水（2001）认为，以美国为代表的企业管理文化，是美国人民长期积累下来的传统和习惯；中国的发展有着古老的传统文化，中国管理学是20世纪50年代学习苏联模式、引进西方管理学和中国传统文化的产物，因此是具有中国特色的理论。中国的传统文化博大精深，对此，很多学者通过将中国的传统文化与管理相结合，提出了自己的看法。例如，苏东水（2001）主创的东方管理学就明确提出"以人为本、以德为先、人为为人"的理念。曾仕强（2005）的"中国式管理"明确提出"人与人的交

---

① 刘人怀，姚作为. 传统文化基因与中国本土管理研究的对接：现有研究策略与未来探索思路[J]. 管理学报，2013，10（2）：157-167.

互主义"，并提出了"修己""安人"等诸多原则。黄如金（2007）的"和合管理"中的人性化思想完全体现在其学派名称"和合"之中。邓晓芒（2008）曾深入探讨了中国传统文化中"以人为本"的真正含义，中国传统的伦理情感是建立在血缘关系基础上的。黄国光（2013）提出了"主客对立与天人合一"思想，试图构建管理学研究的后现代智慧。李平（2013）指出，本土研究应以中国传统哲学为主，以西方哲学为辅。李鑫（2013）对李平的说法提出了质疑，提出用"求真"和"求善"来界定西方和中国哲学的截然不同。但吕力（2012）认为有些被肯定的"中国元素"也还有再确认以及是否值得传承的问题。随着全球经济一体化的发展，各国的管理思想与管理制度互相融合，很难再按照国家区分管理理论。由于中国的传统文化是独一无二的，有学者指出需要将中国的传统文化与中国管理相结合。Zhang 等（2015）、庞大龙等（2017）、周禹等（2019）关注悖论管理与矛盾管理蕴含的"对立统一"哲学在中国本土管理实践中的运用。吕力（2019）也指出，为有效区分相应的中西构念，应将"差序格局""家长式领导""关系"等构念溯源至"忠实于经典文本"的哲学本义。

第三，实践适用性（实践导向性）。张玉利和李静薇（2012）认为，管理理论来自管理实践，大多数管理理论是在管理实践基础上的抽象、提炼、总结和理论升华，并反过来指导管理实践，这是管理学作为应用学科的特点所决定的。越来越多的研究认为，西方管理理论在理解和解释新时代的中国管理实践和企业管理问题方面显得"捉襟见肘"，需要构建新的理论框架来解读新时代管理实践与现象（张兵红和吴照云，2021）。经过学者们对中国本土管理的不断研究，只有当理论研究适应于实践时，这项理论才是有意义的。针对该问题，郭重庆（2008）认为，学术研究背离中国管理实践，学术本身就意义不大，只有脚踏中国实地，中国管理学的世界地位才能显现，管理学的目的在于解决本国的实践问题。张玉利（2012）认为，当前的研究在基于实践提炼科学问题方面存在如下问题：情境化不足，理论发展无进步，独特的中国管理实践不清晰；大多沿用西方管理理论去解释或假设中国管理现象，只有当研究与实践相结合，才能使理论更好地服务于实践。徐淑英（2015）指出，科学的最终目标是改善人类的生活条件，而在管理研究中，就意味着能够改善管理实践，这在一定程度上说明管理要适应于实践。齐善鸿和赵良勇（2016）认为，管理研究的发展离不开实践，坚持"问题中心"的道路既是直面管理实践研究的典范，也是从实践中发展理论的一条可行道路。针对中国本土管理研究是否能适应于中国的管理实践，陈劲和阳银娟（2012）指出，中国管理研究要"顶天立地"，提出实践导向管理研究评价体系的三个方面：研究来源、研究过程和研究成果。之后，陈春花等（2011）评价实践导向的管理研究的关键在于其理论成果的价值贡献。乐国林（2012）指出，实践导向管理研究包括发现管理新知的科学基础研究和解决问题的实践应用研究两个基本范畴，其主要特点应当是实践的指向性、过程的科学性、结果的实效性和成果的创新性。之后，结合长期深入企业的研究经验，在其主题报告中提出了管理研究与实践的场域贯通性问题。所谓场域就是在各种位置关系之间（竞争、合作、冲突）所形成的客观关系网络结构。由于中国本土管理研究能够嵌入实践，乐国林等（2016）基于中国情境的领先企业管理实践，构建和论证了研究者嵌入实践为中心的"实践—问题—命题/模型—学说"的 4P 方法论，以此作为我国本土管理实践研究方法论的批判性参照。

第四，方法多样性。由于中国管理实践具有独特性，西方管理理论在中国呈现出的"水土不服"现象严重，国内学者逐渐意识到我们不能完全照搬西方的理论，而是应该积极构建中国特色管理理论。在发展中国特色管理理论的过程中，全盘西化、洋为中用、中国式管理三大类思想是我国学者所认同的。随着改革开放的不断进行，中国管理理论似乎已经走过了全盘引进西方管理理论的阶段，主流的研究学者比较赞同后两者。在方法论上，我国学者也呈现出多元化的特点，从开始的接受"非主流方法"，到涌现出质量可观的案例研究，扎根理论研究，但焦点还主要集中在实证研究上。比如，中国本土管理的主流倾向中，李垣等将中国实际与主流管理理论相整合，杜荣等强调"实证分析"与"国际接轨"，徐淑英和张志学（2005）在研究中指出，高水平的本土研究不是对西方理论或模型适应性的检验，而是要理解某一特定情境中的现象，他们强调用归纳法或扎根理论方法构建理论的重要性。张玉利（2008）强调，规范的实证研究很重要。Chen（2009）提出了指导本土研究的操作模型，在该模型中包括可以挑战西方理论的本土现象以及实地观察的途径和发展新理论概念等。在调和型倾向中，李平（2010）认为，从阶段性来看，适宜先定性后定量的研究方法。在非主流倾向中，郭毅（2010）认为应该采取多元化方法，比如企业史研究、田野研究、事件史分析、案例研究、实验研究。刘人怀等（2013）对案例研究和问卷调查式的实证研究进行了评析，指出 ER 以及其他实证研究方法，应该与发现真理的多种途径结合起来。之后，刘人怀（2014）指出，在中国本土管理研究的不同阶段，要选择不同的方法，比如在研究的初期和中期可以采用质性研究方法，在研究后期，可以采用实证研究方法来对研究理论和假设进行验证。陈春花、宋一晓等（2014）对中国本土管理研究的回顾进行了综述，并指出，中国本土管理研究要回归本质，在研究的过程中要规范方法，最终才能将实践问题上升到一般理论问题。周建波（2007）用哲学的四分法、章凯等（2012）根据理论在揭示事物规律中的作用，讨论了管理理论构建与创新之道。贾旭东和衡量（2016）以经典扎根理论的数据程序为主框架，以程序化扎根理论的因果关系为辅结构，结合认知地图，探索性地提出了一个中国本土管理理论构建的一般范式，即"中国管理扎根研究范式"，但陈春花和马胜辉（2017）提出，目前对于中国本土管理研究中质性方法严谨性不足，定量研究是否可以有效应用于本土研究还需要充分探讨，为了解决这两种方法存在的问题，提出了将定性与定量方法进行互补的建议。范培华等（2017）运用扎根理论对目前学者所构建的中国本土管理理论进行了现状分析，并提出所发现的问题，为以后学者运用扎根方法建构本土管理理论提供了建议。

从中国本土管理出现至今，越来越多的学者不断进行研究。但由于我国的现实背景复杂，本土管理必须要深入到中国特有的情境与文化中，才能真正探究出符合中国国情的本土管理学。虽然有很多学者进行研究，但对中国本土管理内涵还没有形成一个确切的定义，这也在一定程度上说明了我国对于本土管理的研究还处在探索阶段。学者们在不断研究中认识到想要探究中国的本土管理，必须将管理与中国的传统文化相结合，对此，很多学者将本土管理的研究深入到文化中，如儒家文化、道家文化等。在探究中国本土管理的过程中，很多学者借鉴西方对于管理学的研究方法，如量化的方法，对中国本土管理进行研究，由于中西方管理方式的不同，完全的量化方法并不适应于中国的本土管理研究。对此，很多学者提出了质性研究方法，这在一定程度上丰富了我国的管理研究方法。但目前的本土管理研究还不成熟，需要更多的学者进行深入研究，以探究出中国的本土管理学。

2. 中国本土管理的研究路径

有学者认为中国管理实践和理论研究在本土情境下可以采用管理科学技术的嵌入模式、普适性与差异性的整合模式、"中西合璧式"模式、实用主义与中学为体模式四条路径前行，并形成动态解决实践与理论脱节的情境模式①。我们主要以本土管理研究为对象，认为研究者关注中国文化圈内的管理实践和现象主要是从传统文化、直面实践和情境嵌入三个视角和路径推进的。其中，情境嵌入的路径包括基于情境嵌入验证和情境嵌入创生。

（1）基于传统文化视角

席酉民（1998）结合主流领域中的二元理论，通过对管理认知模式的辨析，提出了理论整合的具体途径，和谐理论正是上述整合理论的具体体现。席酉民及其团队提出的"和谐管理"被认为是中国学者原创管理理论中的代表之作。韩巍（2008）从领导层面出发，提出机会型领导—幻觉型领导的本土领导构念，之后定义了"习惯性支配—服从、命运共同体错觉、惩罚想象、个体自我意识效应"，并提出了本土领导模型。杨中芳（2009）强调社会文化脉络，应该从独特的、能反映中国管理特色的现象和行为入手，充分反映管理现象。而吕力（2009）在解释本土管理和人类学的共通性基础上提出了管理人类学的思想，将人类学相对成熟的理论运用到中国本土管理实践中，将更有利于中国管理学的发展。成中英等（2014）的 C 理论是理性管理与人性管理相结合的理论体系，它以中国的哲学根基和渊源为基础，立足于东方现代管理中的经验发展起来的，其

---

① 周建波．当代中国管理实践与理论研究的情境模式［J］．理论探讨，2012（4）：82-86.

目的是通过整合的方式，发展人类的创造力。苏东水（2003）从中国的传统文化出发，指出要采取扬弃的态度，从中国传统管理文化中吸取精华，用颇具本土特色的"学""为""治""行""合"五个字概括了这种治学思路。东方管理学是基于中国情景的本土化研究，但它不是管理文化的"复古"，而是吐故纳新，是包容性的创新。应从中国管理实践应用角度出发，把中国传统管理思想总结为一系列原理及原则，并转换为对当代管理有价值的理念和方法。孙东川等（2006）认为，本土管理具有本土化和国际化两个侧面，中国管理学者应该提高文化自信并发挥中华传统文化的软实力，从而构建中西合璧的话语体系。类似地，齐善鸿和邢宝学（2010）提出了"道本管理"，认为"坚持以道为本"是"走出管理异化怪圈"的全新管理模式，尝试性地将中国传统哲学思想中"道"的思维引入现代管理科学中。谢佩洪和魏农建（2012）在研究中指出中国本土管理研究的重要性，在当前研究现状的基础上提出了三种探索路径，即基于中国传统文化进行理论探索，基于中国近现代管理实践进行本土化研究，与中国情境结合的情景化研究。乐国林和陈春花（2014）通过解读"和""变""用"的文化蕴含，提出本土管理研究中的内涵和维度，并应用于领先企业实践中。苏敬勤等（2018）提出传统文化视角下的本土管理研究呈现出"内向嵌入式"的结构特征，始终主张汲取中国传统文化精髓来创新本土管理理论。刘菲菲和汪涛（2021）从文化假设、价值观和文化表象三个方面提炼了本土文化构念，提出中国本土文化通过制度环境与个体认知及偏好作用于组织行为的路径。

（2）基于直面实践视角

管理理论来自管理实践，大多数管理理论是在管理实践基础上的抽象、提炼、总结和理论升华，并反过来指导管理实践。在中国管理理论发展的过程中，出现了理论与实践脱节的问题，对此，很多学者对如何从理论过渡到实践问题展开了研究。针对理论向实践过渡中出现的脱节问题，张玉利（2008）提出，脱节可能是先进理论与落后实践的脱节，也可能是先进实践与落后理论的脱节。陈春花认为，规范研究已经走向了极端，使研究"只有方法而没有价值"。吕力（2011）认为，理论与实践的脱节问题从本质来说是方法论问题。因此，如何将理论与实践更好地结合，将管理学技术化是直面中国管理实践的直接路径，这有助于厘清管理研究中"科学严谨性"和"实践相关性"之间的主次关系，是理解"理论与实践脱节问题"的指南。很多学者认为，要想更好地将理论与实践相结合，必须直面中国管理实践。臧志和沈超红（2011）认为，理论与实践的问题在很大程度上是管理研究者与实践者之间存在着沟通鸿沟，这一障碍的存在既不利于管理研究的发展，又不利于管理实践的改善。要想解决这些问题，必须直面实践。在直面实践的问题上，韩巍（2009）提出将管理学转向社会学的观点。彭贺（2008）提出直面实践的三种模式，即阅读书刊，了解实践；蹲点企业，观察实践；介入企业，改变实践。同时认为，后两者是比较值得提倡的。但张玉利（2008）认为，在是否直面实践的问题上，"不能单纯地看学者是否经常深入企业调研或开展管理咨询服务，是否在企业兼职，甚至是否自己在创办企业，也不能单纯地看学者研究的课题是否主要来自企业"。陈春花（2011）的一组追问更具本质意义，即"中国管理实践的重大问题是什么；中国管理实践的独创性在哪里；中国管理实践的发展脉络是什么"。同时，她也指出，"深入地去观察中国企业的管理实践，需要把自己的研究方式转向实践观察和实践研究，而不是进行纯粹的理论研究"。高旭东（2012）采用"从具体到抽象"的思路分析了长庆油田管理实践的科学认识论与方法论。韩巍（2014）建议在进行研究时要接触更真切的经验事实，使用扎根和归纳的研究方法"提炼出核心的构念"，要追求构念和机制的新发现。赵良勇和齐善鸿（2016）认为，坚持"问题中心"的道路既是直面管理实践研究的典范，也是从实践中发展理论的一条可行道路。陈春花（2017）对管理实践进行了定义，并提出了以管理实践三元素（实践模式、实践活动、实践者）为基础的理论框架，构建了以实践理论为视角的研究路径。李培挺（2020）指出，管理诠释论推动着管理理论知识生产，直面实践的中国管理理论研究需要在管理理论知识生产方式上进行融合，这将更有助于中国本土管理创新理论研究。

（3）基于情境嵌入视角

在运用西方理论解释中国管理实践的过程中，出现了很多问题，学者们在呼吁全面开展本土管理研究的同时，提倡充分考虑中国独特的政治、文化等情境要素对中国企业实践的影响，在对本土管理进行研究的过程中，越来越多的学者意识到了情境的重要性。中国管理的哲学思维、人文精神、社会制度等与西方有天壤之别，情境是本土化管理研究的关键因素[①]，针对如何开展"情境化"的中国管理理论研究这个问题，徐淑英和张志学（2005）比较早地在本土研究中加入了情境变量，在研究跨文化中情境变量作为自变量，在其他研究中可以将情境变量作为调节变量。韩巍（2009）对情境做出了定义，指出"情境"就是组织实践在此时此地的约束（制约）条件，涉及文化、社会、法律、制度和习俗等因素的复杂影响。针对如何将情境更有效地运用到本土管理研究，Jia 等（2009）的分析框架提供了相关方法，对现有实证研究的"情境化"水平和情境化"维度"做了三个层次的划分，将情境化程度分为三个层级：情境不敏感、情境敏感、情境特定。郭毅（2010）提出将情境具体化，即复合"悠久的中国文化、80 多年中国共产党独创的资源动员机制和 30 年的改革开放"作为本土管理研究资源，以及"对中国共产党成功之道的探讨"的示范，都很有启发性。蓝海林等（2012）与其他学者的出发方向不同，他从市场出发，提出以市场分割性为对象，研究市场分割性的情境效应，应该是实现中国情境理论化的一种有益的尝试。而任兵和楚耀（2014）从现象出发，提倡从现象驱动和理论—启发两条路径来深化情境化的中国管理理论。类似地，苏敬勤和张琳琳（2015）提出，聚焦于现象分析的有限情境化是学术界采用最多的方式，中国的情境化研究呈现出从直接利用西方理论，到关注现象的有限情境化研究、关注现象的深度情境化研究，再到关注情境深度的情境化研究、关注情境的有限情境化研究的发展历程。韩巍（2017）提出了一种新的"情境研究观"，即管理研究主要处理的情境是由当事人所体验、感受及可通过语言建构的"主观情境"，更适宜采用翔实叙事和洞见型思辨的研究方法。黄海昕等（2019）结合"个人—团队—组织"的组织研究层次，对各情境要素进行结构化分析，初步探索了本土企业内外双重情境的互动

---

①　徐淑英，吕力．中国本土管理研究的理论与实践问题：对徐淑英的访谈［J］．管理学报，2015，12（3）：313–321.

机理和交互过程。

学者们对如何进行本土管理研究展开了充分探讨。有不少学者基于中国的传统文化视角，以中国的文化根基和渊源为基础，将中国的传统文化渗透到管理中，更好地为管理服务。还有学者从实践出发，深入企业，以实践模式、实践者和实践活动为研究对象，构建以实践理论为视角的研究路径。在不断探究的过程中，很多学者逐渐意识到情境的重要性，将情境作为一种变量，来研究与中国本土管理的关系。虽然学者们已经对研究路径进行了不少的探索与研究，但想要形成一套完整的中国本土管理学，还需要不断对研究路径进行深入研究。

三、管理研究与实践关系相关研究

管理理论应当来自实践并接受实践的检验，而管理实践需要理论思想的启发与指引。

1. 管理实践研究的价值

中国管理实践的推进和中国竞争能力的提升需要管理学界对中国管理实践做出相应的理论探索和总结，已经成为我国学术界与实业界的共识（陈春花，2011）。中国的发展迫切需要积累管理知识，以帮助各类公司在这个动态多变的环境中运营，而这便需要在根植于中国企业管理实践的研究中，与企业所关注的重大问题互动并贡献研究的价值，即进行管理实践研究。

管理学作为一门实践导向的社会科学，比自然科学包含着更多的价值判断与选择（Whitley，1984）。正如 Singh 等（2007）通过对顶级管理学期刊所发表的论文进行跟踪研究后指出的，对于学术研究成果的质量，管理实践者与管理研究者应当依据研究成果自身的内在价值，而不是其所载期刊的级别来评判。由此，评价管理实践研究的关键在于其理论成果的价值贡献。管理研究的理论成果的"贡献"包括两个层面：理论层面的贡献，指在理论的层面上显著地促进对于某一现象的理解（Keving 和 Dennisa，2011），具体包括两个方面：该理论所做出的贡献（指导观察与研究），以及对于管理理论的贡献（通过观察和研究推进理论的发展）（Whettend，2009）；在实践层面的贡献，即指导并推动管理实践的改进与提高。鉴于此，从"理论成果的价值贡献"的角度来理解管理实践研究的评价，可以更加全面地涵盖管理实践研究及其研究成果的内在价值，也能在探讨管理实践研究的评价时，确立更加合理的评价导向。

2. 管理研究实践与理论之间的争论（即哪个更重要）

如何将理论与实践更好地结合，将管理学技术化是直面中国管理实践的直接路径。承认、尊重百年以来经过深入理论探讨和实践检验具有普适性的管理理论与思想，不拘泥于与中国现阶段和未来发展现实脱节或背离的理论或结论，认真地结合中国的国情和实践开展研究，是中国管理学界开展中国本土管理研究的主要发展路径。西方主流观点认为，理论工作与实践工作彼此独立，它们应当或必须分头进行（Chen，2009）。尽管"参与型学者"理念——同时强调理论工作和实践工作的重要性并寻求两者的结合（Van de Ven，2007）——在不断演进，但大多数研究仍秉持"管理研究与实践工作之间无重叠"的二分法观点。

"没有理论指导的实践是盲目的实践"，指出了理论的重要性和理论与实践的关系。但是在实践层面看，尽管都在强调理论指导实践，实际上理论和实践却常常是剥离的，很多实践不被理论所指导，出现理论和实践"两层皮"，在很大程度上没有做到相结合。在这种情况下，就需要理论与实践进行有效对接。如果只注重实践，会走很多弯路，每个坑都要自己去试一遍，直到总结出正确的结论，久而久之，便会达到一个天花板效应，遇到瓶颈期，无论怎么努力，好像都没有办法突破；如果只注重理论，虽然你可以在理论上侃侃而谈，让别人觉得你很厉害，但是一旦实践就会被发现漏洞百出。夯实行业发展根基中的一项重要功课就是要系统地建构其理论体系并对其中的一系列认识问题、方法问题做出清晰的阐释。

3. 实践相关性与科学严谨性之间的关系

管理学自诞生以来，在追求科学严谨性（Rigor）与实践相关性（Relevance）的"钟摆运动"中演进（Kieser 和 Leiner，2009），二者的关系既是管理学进步的重要标志（Shrivastava，1987），又一直是学术群体必须直面的议题（Bartunek

和 Rynes，2014；Tkachenko 等，2017）。这一议题因为有关管理学在世界的范式成熟与在中国的何去何从（曹祖毅，2017），所以不仅导致中西方学术期刊纷纷开设专栏予以探讨，还吸引了越来越多的学者关注（Banks 等，2016）。很多应用学科的研究者发现，实践相关性和科学严谨性是相互排斥、不可调和的（Rasche 和 Behnam，2009）；也有很多学者认为这种看似冲突的悖论恰恰可以成为学科研究的生长点（Bartunek 和 Rynes，2014）。当研究者体会到理论与实践之间的张力并能够深入实践、深刻理解实践时，才会发现真正新颖有趣的研究选题（Empson，2013），实践派积极拥抱理论，实现"实然的超越"。

管理学的知识生产"面临着学科价值性和实践价值性的双重窘境"：管理研究大量借鉴了相关学科的知识，这促进了管理学本身的发展，但也随之带来了理论界对于管理学学科合法性的质疑；为了维护学科合法性，管理学学者一方面不断向"科学化"靠拢，但另一方面在科学化的过程中又面临着"实践相关性"的挑战（高良谋和高静美，2011）。在管理研究中，当管理研究从实践中独立出来，管理学学者与实践者之间的职业分工获得了制度化的认可，完成了社会建制之后，管理学研究与实践的割裂便不可避免地产生；而且，随着领先企业的管理日益减弱科层化，以绩效为导向的学术评价制度日渐盛行，理论与实践相脱节的问题更加严重。学者在管理研究和实践的相关性与科学严谨性之间也保留了两种观点：一种是弥合观，Freek 和 Vermeulen（2005）认为，科学严谨性是实践相关性的前提，二者不能顾此失彼，因此建议研究问题体现实践意义，而研究方法体现严谨设计；另一种是独立观（曹祖毅等，2018），像西蒙（2013）将科学严谨性与实践相关性比作水和油的关系，认为"如果放任它们自由发展，油和水终会分开"。因此，要正确处理好两者之间的关系。

4. 管理研究与实践问题脱节

理论与实践脱节是应用型学科需要面对的一个普遍问题。管理理论与管理实践互相依存，也互相影响，对其平衡关系的探讨是学术界普遍关注的议题，有关管理学科的未来发展与范式成熟，也是管理研究的基本出发点。

美国管理学期刊《管理学会杂志》（AMJ）和《管理科学季刊》（ASQ）分

别在 2001 年、2002 年和 2007 年发表专辑对管理理论研究与管理实践之间的隔阂进行了深入讨论，大多数论文批评管理学研究过分追求方法的严密性，忽视了管理学研究的实用性，即管理学研究与管理实践之间存在严重脱节的问题（彭贺，2009）。Bennis 和 O'Toole（2005）指出，美国商学院对"科学性"过于注重，导致学生受训的分析技能与面临的复杂管理任务之间严重脱节，商学院不能传授有用的技能，不能为企业培养领导者。

这一议题在中国的紧迫性与必要性日益彰显（陈春花和马胜辉，2017）。有学者认为，这个问题在中国比在西方更为普遍，也更为严重（吕力，2011），更有甚者，20 世纪以来一些较有影响力的学术论文，已经开始公开批评引领中国管理学科发展的顶级管理学期刊为了追求科学严谨性，逐渐模仿西方的主流研究范式而对中国管理实践"插不上嘴"或熟视无睹。刘源张（2006）提出，管理学的成果要得到社会、国家的承认和使用，不外乎两者：提出能够影响企业、社会和国家的观点与行为的管理思想；提出的理论和方法能够通过标准化成为企业、社会和国家遵循的工作程序、模式和规范。遗憾的是，管理学没有走这两条实践检验的道路，而是走上了"论文主义"的道路。郭重庆（2007）更为直接地指出，中国管理学界对管理实践"插不上嘴"，陷入了"自娱自乐的尴尬处境"。李京文和关峻（2009）批评了"照搬西方"和"自说自话"两种不同的脱节倾向："中国管理学研究中存在一种极不正常的现象：但凡开始实证性研究就全然不顾社会制度、价值体系和意识形态的差异，照搬西方的管理学体系和方法；而一旦开始理论研究，又摒弃西方管理学的成熟范式，重起炉灶，自说自话。"因此为了解决这一难题，本土学者也积极呼吁"直面中国管理实践"（齐善鸿等，2010），或呐喊"中国管理学者该登场了"（郭重庆，2011），或追求管理学者与管理实践者共同语言的意义建构（臧志和沈超红，2011），或强调管理学术期刊专业化发展（夏福斌，2014），或尝试"管理研究者向管理实践者转化"（陈春花，2017）。乐国林等（2019）基于场域和效能的视角论述了管理研究与实践脱节问题的求解。国内外的这些主流观点无疑体现了对理论与实践之弥合的憧憬与期待，导致一些西方顶级期刊为此开设专栏，而国内更是紧迫到将其直接上升至国家自然科学基金委管理科学部更高一层次的制度层面。

管理研究和实践关系的研究已成为管理学界研究的重点，管理研究注重理论方法、路线的设计和研究，如企业文化与战略结构研究等；管理实践则是依据一定的科学理论来指导某行业某项目的实施、推进，比如智能制造与数字化转型的提出，就是一种管理实践的形式。而关于两者之间的关系，学者也是众说纷纭，各执己见，而且关于管理理论与实践谁更重要也成为学者们争论的重点，但大多数学者仍然认为理论源于实践又指导实践。通过学者的研究，关于两者的关系已有了深层次的研究，但大多数学者也是基于某一个角度，或是两者的脱节关系研究，或是实践相关性与科学性之间的关系等。

第四节　研究设计

一、主要概念

1. 领先企业

尽管领先企业的价值与地位众所周知，但在学界里有关其内涵与特点的严谨研究还非常少。这可能与学界和业界对领先企业与相近概念的混用，或者人们认为这是不言自明的事实有关。与其相近的概念包括一流企业、先锋企业、龙头企业、卓越企业、杰出企业，甚至500强公司等。在研究领域首次并长期使用"领先企业"概念的是陈春花等（2004），她用这一概念来指称那些在中国推行制度化管理和现代化管理，并对同行和中国经济带来深远影响的典范企业。从对国内外领先企业案例、领先企业群整体研究相关文献的分析来看，领先企业主要是就行业中的"领跑者"及其生态位来说的，领先企业应是经营成效持续居于产业或行业"领跑"位势，并在技术、研发、市场、整体运营、组织文化、管理制度或品牌塑造等方面具有广受认可贡献的典范企业。

2. 中国本土管理研究

有学者通过回顾有关中国特色管理的总体主题名称的表述流变，发现"中国式管理""东方管理"的表述越来越少，而使用"中国本土管理"日益成为共识①。当然，中国本土管理的内涵目前还存在学术争论，不过，从前文的综述中我们可以看到，对中国本土管理及其研究的认识中，核心有两个：一是（中国）本土，二是本土与管理的关系，这也就是学界争论的"管理的中国理论"与中国管理理论的来源。在未来相当长的时间内都会存在这一争论，即中国是否有独特的管理理论和这一理论能否发展或扩展为普适的理论。但无论怎么看待这一问题与争论，它并不影响我们探讨在民族国家范围内所存在的管理实践、管理现象、管理问题、管理经验、管理思想与知识。

进一步来说，什么是中国本土管理研究，也有许多不同角度的见解，有的认为应当从中国传统文化视角来解读中国的管理现象与实践，有的认为要建立在本土的概念语汇与方法论上，有的认为要建立在中西或中外比较管理研究的视角上来认识。而笔者更赞成从扎根在中国实践土壤中的企业实践特别是成功企业实践的角度来认识和理解"中国本土管理研究"，它是从中国管理实践中生成的，反映中国文化情境并具有共识性的管理概念、命题与知识结构，探索它们产生、演化、发展的理论特性、文化特性与实践特性，并形成科学的管理理论与知识，这就是中国本土管理研究。

二、研究目的

本书研究的主要目的有两个：一是为管理研究者立足中国管理实践，并扎根企业实践，探索和提出管理的中国理论提供可资借鉴的研究方法论；二是为研究者和实践者全面、客观认识领先企业的价值，发现领先企业管理知识与实践经验的价值提供认识框架与案例借鉴。

① 张兵红，吴照云．中国管理理论概念研究：演变、重构及延伸［J］．商业经济与管理，2021（11）：47-61.

三、研究思路与主要内容

自直面中国管理实践的研究议题在国内乃至海外兴起以来，越来越多的学者和实践者参与到这一议题当中。虽然许多学者对此都提出了真知灼见，但研究者在面对复杂而多样的中国商业实践，如何从商业实践中提炼出既有科学理论意义又有实践效用的管理理论/知识，依然是发展中国本土管理的重大挑战。另外，我国涌现出的越来越多、越来越强大的领先企业，它们的成功实践一定包含对管理规律的科学认识和利用，充分认识到领先企业实践的文化与理论价值，找到发现其价值的恰当方法论，不仅能够挖掘到我国企业管理的知识"金矿"，而且能够为更多中国企业健康发展提供经验借鉴，让更多中国企业成长为全球有影响力的公司。基于这一思路，本书主要研究内容如下：

第一，从选题背景入手，揭示从我国领先企业管理实践探索中国本土管理理论的意义与价值。从中国领先企业实践角度探索中国情境下管理实践和理论，这既是发展管理的中国理论的重要来源，也是管理研究直面实践的方法论与研究路径的探索。

第二，综述我国领先企业相关研究、中国本土管理研究、管理研究与实践的关系文献，廓清本书的研究主题的研究现状，认识到做好我国领先企业管理研究对中国本土管理发展、弥合研究与实践脱节关系具有的重要价值。

第三，引入社会建构主义和场域惯习两个跨学科的理论，作为理解管理研究（知识）与实践，探索从领先企业管理实践构建管理理论的理论基础。社会建构（Social Constructionism）理论为我们认识管理实践研究中的知识与实践的关系提供了科学哲学基础。场域惯习（Field-Habitus）理论为我们理解管理研究与实践差异，打通二者之间从实践构建理论与从理论向实践迁移提供了指导。这对从领先企业实践探索与发展理论非常有启发意义。

第四，系统论述我国领先企业管理实践的意义和价值。尽管我国领先企业经营管理的商业价值与影响力已经被不断地发掘、传播，但这些领先企业在本土情境下产生，历经不同时代的体制、文化、市场环境的考验，其成功实践的价值不仅仅是商业示范性价值，更有文化和学术价值。这一部分确立领先企业管理实践的示范价值、文化价值和学术价值的价值坐标，深入分析，揭示我国领先企业实践在本土管理研究与实践中的价值。

第五，从实践者角度，探索企业实践者发展本企业的"管理理论"的内在逻辑。基于扎根方法论，通过海尔、华为两家领先企业实践素材的扎根分析，提炼了"实践感知—命题归纳—检验升级—理论原型"为主范畴结构的"螺旋式实践嵌入"自主性研究的整体机理。

第六，从研究者角度，探索从管理实践发展管理理论的内在逻辑，提出管理实践研究的 4P 方法论。参考许多学者有关直面管理实践研究路径的成果，结合中国本土企业实践案例研究经验提出，中国本土管理实践研究应当通过以实践为起点和依归的 4P（Practice; Problem; Proposition; Point of View）研究方法论来发现和构建本土管理的理论知识。

第七，我国领先企业成功实践的理论价值案例分析。归纳总结海尔"人单合一"、华为"灰度管理"、东方希望集团"企业相对优势论"的理论要素，分析其理论与实践价值。"人单合一"管理模式是对传统管理模式的颠覆，打破传统组织边界，再造生产与市场的利益关系；灰度管理源于道家思想的对立、转化和统一以及儒家思想的中庸之道、和谐等，是传统文化下的悖论领导力在管理中的具体体现；"企业相对优势论"立足于把企业建立在市场经济、充分竞争的基础上，围绕经营效率调动和用好企业一切资源要素，提高经营效率，创造相对竞争优势。

上述研究内容之间的关系可以用图 1-1 研究框架来概括。

四、研究方法

探讨从我国领先企业管理实践发现其科学理论价值，提炼科学问题，归纳实践经验，发展管理理论，结合这一研究任务和前期领先企业相关研究的基础，本书提出使用案例研究、扎根方法论和比较研究的方法，推进研究工作。

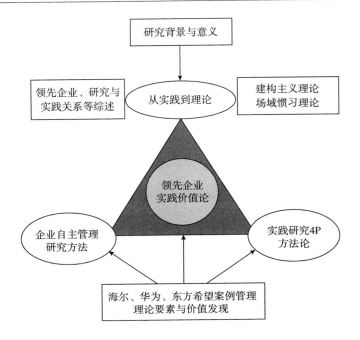

图1-1 我国领先企业管理实践的理论价值发现研究框架

1. 案例研究法

领先企业，无论在国内还是国外都是商界的精英，是其中的"少数关键"，这样的企业数量不多，但举足轻重，其核心技术、范围经济、竞争战略、管理制度与方法，对同行乃至整个商界都有广泛的影响力。开展对领先企业的单案例和多案例研究，挖掘其管理实践的经验、智慧和文化根基，并归纳和提炼为理论性知识，是发展我国本土管理理论的一种可行方法，也是国外许多研究优秀企业的经典著作（如柯林斯的《基业长青》、帕斯卡尔的《日本企业管理艺术》、彼得斯的《追求卓越》）常用的一种方法。本书以海尔、东方希望集团和华为公司作为重点案例，使用本文所提出的管理实践理论化的方法论，探讨它们的管理实践中已经被学界和业界所关注并日益被认可的管理经验与知识。另外，在提出管理实践研究的4P方法论中，分析国内领先企业研究经典著作的研究逻辑，印证4P方法论的可行性。

2. 扎根方法论

扎根理论学者格莱瑟认为，扎根理论是对抽象问题及其（社会）过程的研究，并非问卷调查和案例研究等描述性研究那样针对（社会）单元的研究，是一个自然呈现的、概念化的和互相结合的由范畴及其特征所组成的行为模式。扎根理论研究形成一个围绕着一个中心范畴的扎根理论的目标既不是描述，也不是验证。它的目的在于形成新的概念和理论，而不仅仅是描述研究发现。从扎根理论的原理来看，它与本书的研究主题非常契合。从领先企业管理实践中探寻科学知识与理论，需要的不是带着既有的定见，更不是简单的经验描述，而是深入实践现场或实践素材，发现问题，探索管理的结构逻辑，浮现原生概念和理论（原型）。本书将扎根理论方法运用到发现领先企业自主管理实践研究中，发现企业和企业家是如何提炼自己的管理理论的，从而打开"企业自主的实践管理研究"的"黑箱"，同时减少研究者一开始就以"学术定见"来主观推断企业自主探索的管理实践问题/论题的方法、模式、风格等。另外，本书以海尔和华为的管理实践为素材，基于扎根理论方法所秉持的"深入情境—发现问题—寻找案例—获得数据—初构理论—比较文献—建构理论"的研究逻辑开展分析，随着资料素材不断补充，译码、范畴推展也在不断连续循环进行，直到呈现企业自主管理研究内在逻辑的稳定模型为止。

3. 比较研究法

本书在研究的整体设计和一些专题研究中还使用了比较研究方法。就整体设计而言，从管理实践出发探寻管理的理论知识，和其对应的就是从管理文献出发来探寻管理的理论知识，我们不评论两者谁对于管理学科发展更有效，而是呈现从实践出发的要素与逻辑，体现其与后者的差异。在对领先企业自主管理研究的扎根分析中，重点比较了企业实践家和管理学者研究心智逻辑的异同。在管理研究的4P方法论的讨论中，我们分析了从文献与理论推理/验证中发现管理理论知识和从实践与问题中建构管理理论知识的哲学方法论差异。作为探讨本土管理研究的著作，本书也从文化方面分析了领先企业管理实践的本土文化根基与价值性。

第二章 领先企业管理实践
理论化的理论基础

第一节 社会建构理论与管理学

一、社会建构主义内涵

1985 年，格根（Gergen）提出了社会建构主义的定义，这个定义比较复杂，系指立足于科学史、符号人类学、科学的修辞学、女性主义和后结构主义文学理论，社会建构主义是作为反本质对话的非本质知识理论，其对话的首要关注点为：知识声明出现于其中和判断源于其间的社会话语体系；知识体系中隐含的价值/意识形态、非正式生活与体制生活为本体论和知识论认同所维持和消解的方式；宰制信仰倾向的权力与特权的分配方式。它关注文化建构的确立与改变：竞争性信仰与价值体系的适应；新形式的教育理念、学术表达和训诫性关系的传承。

后现代主义对社会建构主义的影响亦甚为深刻。后现代主义作为反对存在所谓终极真理理念和结构主义架构的一种思潮，它是关于知识、人类和社会的观念的一种知识运动。它否认宏大叙事和宏观理论的意义、认为人类只能发现"微观的小故事"、试图寻找模式化的关系和宏观的历史规律是不可能的；反对学科之间、文化与生活之间、虚构与理论之间、想象和现实之间所设置的界限；其理论着眼点在多样性和易变性。后现代思潮的核心运作原则是去中心化、解构、差异，社会理论的传统遭到质疑，实证主义或经验主义的认识论基础受到怀疑。法国社会学家福科是其中的代表人物，他重视话语分析，洞察话语背后隐藏的权力运作过程并采用不同的方式解构或重构了疯癫、监狱、医疗和性等不同的社会存在，给人耳目一新的感觉。法国哲学家德里达则直接提出了"解构"这个概念，以此揭示现实的社会建构本质，但对于解构后如何重构他并没有给出建设性的观点。后现代社会理论关注第三世界、贫穷、女权、种族中心主义、环境等被大众社会所忽视或不受待见的议题，关注社会边缘地带的现实，从边缘地带层面来重新认识我们所在的社会存在，并寻求替代性建构的方向或方案。正因为如此，社会建构主义（尤其是强的建构主义）从后现代社会理论中汲取了思想的营养，激发了理论的灵感。

社会建构主义为一个"大家族"，尽管同一家族的成员千差万别，但总体来说可以归纳出一些共同的特征：对习以为常的知识的批判立场、强调历史和文化特殊性、知识是由社会过程所维系、知识与社会行动交织在一起。这四个特征有助于理解什么是社会建构主义：那些声称具有真理性、不用怀疑的正确性的惯常知识和公理，其本身就是不客观的、非真知的，知识是"发明"知识的人所建构的，被发明的知识被大多数人认可和使用就成为某种定规，定规使用的历史越长也具有权威性，但不意味着永远不会被推翻或替代；知识是人们基于具体的文化、生存与生活环境中，相互沟通、交往甚至冲突中不断被创造出来并在社会互动中使用的，知识的生命力在于其建构于社会互动和用之于社会行动。

二、社会建构主义视角的社会理论与实践

作为社会理论（Social Theory）的社会建构主义实际上是一种解放理论和生产理论，旨在要求走出我们自己（或重要他人）曾经创造的现实而重新建构新的对话性的知识与理论，并不断反思自己的价值立场和对不确定性保持开放态度。社会建构、社会过程、语言及话语体系是它的三个核心概念。社会建构主义最吸引人之处就在于"社会建构"这一概念。现实和知识都是社会建构的，但这并非个人建构，而是"共同的建构"，即我们之所以有如此建构，是因为我们从共同体那里获得知识、体验和思想渊源，社会建构的背后有共同体的存在。社会建构主义试图了解人们如何获得知识并在互动关系之中判断自我与社会现象。进而，正是经由互动过程和社会实践，人们在其共同生活和日常互动之中创建知识。知识在社会互动与社会过程之中不断地创造、维持、解构与重构，文化、社群与体制影响我们观照或重构社会的方式。社会建构主义认为应该对我们习以为常的理解日常生活世界的知识采取质疑态度并对常规知识采取批判立场。

从其知识论和方法论出发，社会建构主义具有浓郁的批判意味，对现存设置的质疑、对现存知识的质疑、对实证主义方法论的质疑都意味着它具有实践层面的颠覆和解放含义，批评、改变或者撕毁自己并不喜欢的社会设置是社会建构主义者的重要社会实践。

一方面，社会建构主义可以理解为某种对专家话语霸权的信任丧失并反对简单地根据专业术语进行分类、类化、治疗和介入，因为所有现象都离不开个人的复杂生活。另一方面，社会建构主义自身的开放性和反思性亦提供了重要的对话机会，如此对话实践有利于不同群体之间的交流与合作，从而建立一个包容性社会。

三、社会建构主义视角的管理学知识

根据社会建构主义的理论视角，社会知识是在社会情境中建构生成的。首先，管理知识是社会建构的结果。建构主义认为知识是建构的，而不是现实的"映像""表征"或"表象"，建构是社会的建构，而不是个体的建构。知识特别是社会科学的知识，包括管理学的知识是一种社会建构，是人们在企业实践和社会生活中"发明"出来的，而不是唯有通过所谓的客观方法"发现"的。从管理思想史来看，那些富有生命的管理理论，如科学管理、社会人管理、职能管理

理论、目标管理理论都是企业实践者在业务管理活动、企业内外部互动中，通过解决大量现实问题，提高经营效率或效益而被"发明"出来的，而许多以科学之名构造或产生的"精致而时髦"的理论却没法得到实践的验证。

其次，建构是一种主体互动的结果，管理知识的生存是管理主体共同行动的结果。人们在认识的过程中总是以已有的概念、范畴、语言、话语作用于认识的对象，认识的过程是积极主动的建构过程，而不是被动的反映过程。建构发生在公众领域，是社会的建构，是人际互动的结果，强调知识的社会性质（Social Nature）。"我们用于理解世界和我们自身的那些术语和形式都是一些人为的社会加工品，是植根于历史的和文化的人际交往的产物"①，知识是社会性的相互作用与语言使用的结果，因而是共享的，而不是个体的。管理不是管理者的"独角戏"而是管理者之间、管理者与被管理者之间、被管理者之间，以及他们自身长期工作互动（生产互动、人际沟通互动、交易互动等）的过程与结果，管理中形成的理念、规则、惯例、制度乃至体系化知识都是彼此之间长期互动的结果。就建构主义强调的主体互动而言，管理不应是管理者对管理对象的控制，而是彼此基于目标、分工、职责的一种主动的紧密合作，双方都发挥主观能动性，相互激荡才能创造管理的高业绩，建构有价值的管理知识。

再次，建构既脱离不了历史传统，也脱离不了情境，管理知识具有文化的深描性和情境的嵌入性。人们社会性的相互作用，总是发生在特定的社会文化背景中，因而知识必定是因时因地而异的。社会历史、文化传统为我们提供了理解方式和语言范畴，我们只能在社会文化给我们划定的圈子里进行认识活动，不可能超越历史，更不可能超脱文化。企业的经营管理活动是在具体的文化与社会场景中开展的，甚至其产品和服务就是为各具特色的文化风俗、社会活动而准备的。例如，咖啡是西方人的生活必备，茶叶是东方人的生活必需，雀巢公司为做好一杯咖啡下足了经营管理功夫，吴裕泰茶庄为经营好一杯茶长期坚持"制之唯恐不精，采之唯恐不尽"的质量信条。西方的企业管理理论与西方许多国家的个人优

---

① Gergen K J. Realities and relationships：soundings in social construction ［M］. Cambridge：Havard University Press，1994：49-68.

先、尊重个体自由、崇尚竞争的人性与文化有关，而中国的企业管理理论则离不开中国的集体主义、集体优先、崇尚和谐与和为贵等人性与文化。因此，管理的知识建构是在文化与行动的场景中不断建构、解构与再建构的。

社会建构理论为我们认识管理实践研究中的知识与实践的关系提供了科学哲学基础。社会建构论对科学最根本和最重要的贡献就在于它对什么样的知识才是真正的知识以及为什么，所做的坚定的经验性研究。社会建构理论认为科学成果，包括经验资料，其首要特征就是建构过程的产物，某些领域的知识是被人类所建构出来的社会实践和社会制度的产物，管理知识是由"社会语境"所塑造，是被人们在实践中社会化地建构的。因此，基于建构主义的科学知识观主张：各种管理知识有本质上的共同性，即都是人类实践活动的产物，都具有社会文化构成性。

第二节　场域惯习理论与管理实践研究①

一、场域惯习理论

场域惯习理论是当代社会学家布迪厄提出并被广泛应用的社会学理论，布迪厄不仅使用场域惯习来研究社会结构、关系网络、阶层问题，同时也将其引入社会科学的知识建构和知识生产者的反思性中。布迪厄将场域视为社会研究的基本分析单位，这个场域就是在各种位置之间所型构的客观关系网络结构，场域中的关系独立于关系确定的人群，场域中的位置是附着在某种权力或者资本之上的。

---

①　场域惯习与管理实践研究的分析讨论沿用笔者之前的研究成果，相关内容引自乐国林，毛淑珍，刘明等．管理研究与实践的互动关系研究：基于场域与效能的探索［M］．北京：经济管理出版社，2017；王雄，乐国林．场域异质性对管理研究成果向实践转化的影响［J］．河南大学学报（社科版），2021，4：56-62。

"在高度分化的社会里，社会世界是由不同逻辑和必然性的社会小世界构成的，这些社会小世界是相对独立的空间，如经济场域、学术场域、权力场域，而这些小世界自身特有的逻辑和必然性也不可化约成支配其他场域运作的那些逻辑和必然性。"① 社会各个场域中都存在着行动者、权力关系、资本（资源）关系、惯习等基本要素。

场域惯习理论中的行动者是一个融合身体性、性情倾向和物化结构的文化实践者，它置身于充满了复杂符号意义、权力和资本等关系网络的场域中，通过投身于各种场域实践活动习得了场域的各种规则，建立了有关权力、资本、关系等在内的惯习行为倾向，并获得或者改变自身在场域中的网络位置。在布迪厄的社会理论中"惯习"是一个极为重要的核心概念，它不是人们日常所理解的行为习惯，而"是持久的可转移的禀性系统"，是一个与客观关系结构相联系的"主观性的社会结构"，它是行动者在不断嵌入于各种社会场域中所习得、刻画、内化的意义、知识和行动逻辑的性情倾向系统。

行动者在场域中的活动及自身惯习的获得与改变，其中心实际上是权力和资本的争夺与运用。这里的权力不应以常见的物质占有、组织命令所决定，它们只不过是"显示权力的手段"，更应关注"使人承认权力的权力"的存在②，这是一种符号话语的权力，只有当这种定义其他权力和行动关系的权力得以制度化并不断地再生产，其他权力的显示和经济资本的积累才具有合法性和可确定性。这里涉及的资本概念，更是超出了人们常识理解的经济资本和社会资本的概念——它们只是布迪厄资本概念派生出的两种类型。布迪厄认为，"资本是积累的劳动，当这种劳动在排他性的基础上被行动者占有时，这种劳动就使得他们能占有社会资源"③，这种资本劳动既可以是占有更多经济资源确立经济地位的资本劳动

① ［法］皮埃尔·布迪厄，［美］华康德. 实践与反思——反思社会学导论［M］. 李猛、李康译. 北京：中央编译出版社，1998：134-135.

② ［法］皮埃尔·布迪厄，［美］华康德. 实践与反思——反思社会学导论［M］. 李猛、李康译. 北京：中央编译出版社，1998：190.

③ ［法］皮埃尔·布迪厄，［美］华康德. 实践与反思——反思社会学导论［M］. 李猛、李康译. 北京：中央编译出版社，1998：42.

（经济资本），也可以是占有更多社会关系资源确立社会地位的资本劳动（社会资本），还可以是投身于知识、品位、声誉和修养获得文化地位的资本劳动（文化资本）。并且这三种劳动所形成的资本可以通过某些策略、制度、规则相互转换，从而保证资本的延续和发展。

布迪厄的场域惯习理论具有非常好的学术解释力，它启发了许多跨学科领域诸如教育、司法、政治学乃至企业产权改革，对各自学术课题的研究思路与问题解决。就这一理论应用于管理研究成果实践转化问题来说，我们可以推知，管理研究和管理实践实际就是社会系统中互有联系但又各自独立的场域空间。管理研究场域是在管理学科高度分化并集聚的基础上，以管理知识的创造与传播为纽带，形成的跨时空、跨组织的知识建构、信息传递、研究交流与评议的结构空间。在这一场域空间，围绕知识资源的创造与组织，管理研究场域的要素包括创造管理知识的研究主体及其行为惯习，以及围绕研究主体和知识创造传播而形成的制度规则、学术权力和文化资本。需要指出的是，管理研究场域的研究主体的行为习惯是一种知觉、感觉和评价系统，作为一种性情倾向系统，其包括管理研究主体所拥有和追求的思维方式、行为准则、价值观念以及制度规则、工作环境等。而就管理实践场域而言，Dimaggio 和 Powell 早在1983 年就提出相近的概念——"组织场域"概念，他们认为组织场域是由关键的供给者、资源和产品的消费者、规制性机构以及其他生产类似的产品或服务的组织共同构成的。我们将他们的概念与场域惯习理论结合，指出管理实践场域是以市场关系和组织关系为联结，由无数实践主体（主要是企业及其管理者）根据资源与市场的竞争规则，围绕经济资本与权力的争夺分配而产生的客观关系网络。实践场域中每一个企业自身又都是一个相对自主性较强的"微场域"，这就决定了每个企业有自身的调控原则，微场域不会被高度统一的实践场域逻辑控制，而这些微场域之间通过协商、谈判、合作、竞争争夺实践场域的经济资本、社会资本和多元权力关系。其中，经济资本的争夺是实践场域主体关系和行为惯习的核心，并由此形塑了企业实践主体将利润和业绩最优化作为自己行为准则的惯习。

二、管理研究场域与实践场域结构性差异[①]

管理研究场域与管理实践场域，虽然只有两字的差别，但它们在内涵、结构、惯习方面却存在明显的差异。按照布迪厄有关不同场域是构成社会不同层面的"小世界"的观点，管理研究属于学术场域的小世界之一，而管理实践则是属于经济场域的小世界之一。它们本身就是一个有丰富内涵的子场域。依据场域理论的要义，管理研究场域是在管理学科高度分化并集聚的基础上，以管理知识的创造与传播为纽带，形成的跨时空、跨组织的知识建构、信息传递、研究交流与评议的结构空间，它是管理研究主体在管理知识生产过程中的各种关系的网络集合。而管理实践场域则是以市场关系和组织关系为联结，以经济资源和价值的争夺与创造为纽带，形成资源投入、资本配置、组织运营、技术创新、市场竞争的经济结构空间，它是以企业、企业家/经理人为实践主体的经济权力和资本的网络集合。

从上述两个场域各自的内涵来看，管理研究场域是围绕知识的生产和传播而演化生成的场域惯习结构，而管理实践场域则是围绕经济资源的投入与产出而演化生成的惯习结构。进一步来说，两个场域的结构性质或者是合目的性方面存在根本的区别：管理研究场域作为科学场域的一支，它必须以追求和竞逐知识的真理性，以此作为其出发点和归宿；而管理实践场域则是通过资源、资本的创造性运营追求经济价值的效率和效益。由此出发，结合场域惯习的理论，我们可以进一步比较分析二者在结构特征方面的差异（见表2-1）。

表2-1简明列示了两种场域结构之间的差异。管理研究场域实际上是一个充满学术知识、学术资源、符号权力、专业文化资本、科研共同体关系的自主性结构网络。这个场域中的行动者乃是各类研究主体，包括研究者、科研团队、科研组织等，其基本单位还是接受过不同学科训练的学者。他们实际上是掌握管理研

① 相关内容引自乐国林，毛淑珍，刘明等.管理研究与实践的互动关系研究：基于场域与效能的探索［M］.北京：经济管理出版社，2017；王雄，乐国林.场域异质性对管理研究成果向实践转化的影响［J］.河南大学学报（社科版），2021（4）：56-62。

表2-1 管理研究场域与实践场域结构特征比较

	管理研究场域	管理实践场域
主体特征	知识体、知识贡献	资源体、市场贡献
主体间关系	共享、目的性合作、争论	竞争、手段性合作、保密
主体惯习特征	质疑、方法、严谨、规范、静态、创新	冒险、模式、可见性、非常规、动态、创造
场域权力特征	符号（话语）权力为主、声望权威、专业权力（权威）	经济权力为主、组织（法理）权力、魅力权威
场域资本	主要体现为文化资本，以此获得经济资本，建构或拓展社会资本	主要体现为经济资本，以此复合文化资本和社会资本
场域结构稳定性	知识话语体系较稳定，研究主体文化资本提升慢，符号权力渐变性强，主体惯习稳定性强，三种资本可转换性时长且稳变	资源与利益可变性快，经济资本变化快，实践主体惯习可塑性强，三种资本可转换性时短且易变
两场域对接触点	科学逻辑的理性知识 管理知识 实践逻辑的经验知识	

资料来源：王雄，乐国林．场域异质性对管理研究成果向实践转化的影响〔J〕．河南大学学报（社科版），2021（4）：56-62.

究知识、研究方法和技能，具有学科敏感性的"知识体"。在长期的学科训练和实践的"社会化"中，研究主体发展出一套有关开展管理研究行动的性情倾向系统。比如，面对管理实践现象、管理实践问题、管理学术文献时，他们自觉性地会"代入"命题再提炼、观点或结论的质疑、专业术语辨析、跨主题/问题分析等学术行为惯习，并且每个研究者的研究惯习都带有其独特的个性风格。

在管理研究场域，研究主体在追求学术真理性的过程中，都自觉或不自觉地嵌入学术话语体系、学术文化权力、学术资源竞争和学术声望的位置网络的争夺之中。布迪厄在论及社会研究中的偏见时指出，"在（学术）这个场域里，学者通过他和其竞争的其他某些对手之间的差距与距离……来确定自身……接近权力场域的被支配一级，并因此受到那些影响所有符号生产者的吸引力和排斥力的摆布"①。管理研究场域所展现的正是由管理学科本体、管理学问题、管理研究方法论等知识论域出发，研究主体对知识真理性的话语体系的文化资本竞争，并由文化资本的竞争进而转化、建构和争夺学术的经济资本和社会声望资本。管理学科发展所经历的管理理论丛林时代，既是管理实践复杂丰富的现象、问题与经验所型构，又是管理研究者争相把握和定义时代的管理主题与管理思想逻辑所使然。当然，管理研究场域的话语体系、专业文化资本的累积、学术权力的分布、声望与关系网络等场域要素具有较强的相对稳定性，很难因为"时髦管理"（概念与理论）的频出、个别研究主体的文化资本直冲就产生场域结构震荡。这主要与学术文化资本投资周期长、管理学科理论创新较难以及理论创新可接受性与认同周期长有关。

与管理研究场域不同，管理实践场域则是充盈着产品（服务）、资源/资本、能力、利润、市场和利益相关者在内的竞争敏感性的网络结构。其参与主体几乎围绕着资源的获取、竞争、创造性运作并产生资源价值而历练其场域惯习②。因此，实践主体就是市场的资源体（企业和企业家为代表），其存在的价值主要表现为市场贡献，实践主体间的基本关系是竞争和手段性合作，实践场域中两种基本的权力就是经济权力和组织（法理）权力，网络位置的决定因素则是经济资本的获取、争夺、投入与价值最大化能力，其中的经济权力定义了企业的市场边界，而法理权力定义企业的组织边界。进一步地，与管理研究场域结构稳定性强不同，管理实践场域结构则具有快速变化性，这是由资源稀缺、资源价格变化性、高竞争压力、高目标压力、消费者需求快变、商业模式迭代、技术创新快变和人才创造性所决定的。这也决定了实践主体必须具有冒险、市场敏感性、求变、非常规、动态和快速反应的主体惯习特征。

①　［法］皮埃尔·布迪厄，［美］华康德. 实践与反思——反思社会学导论［M］. 李猛，李康译. 北京：中央编译出版社，1998：128.

②　李洪涛. 管理研究向实践转化问题的理论研究——基于场域惯习理论视角［D］. 青岛理工大学硕士论文，2015：33-35.

通过对两种场域内在结构逻辑解读，我们发现了二者场域系统的性质、结构与演变关系的内在不同。从根本性质上而言，管理研究场域与管理实践场域是完全不同的，管理研究场域是基于知识真理性的追逐与竞争而型构的场域，而管理实践场域是基于经济效益性的追逐与竞争而型构的场域。

三、场域惯习结构性差异与管理研究

尽管管理研究场域与管理实践场域存在结构性差异，但两者对管理知识的关注却又是共同的：管理研究场域重视知识的生产与传播，管理实践场域看重知识的应用与价值创造。进一步地，管理研究场域研究主体所发现和提炼的认知性或工具性知识，恰恰是管理实践场域实践主体所需求的用于提高组织适应性、竞争力的价值型杠杆。这一点我们从科学管理对企业生产效率的改变、行为科学管理对人的工作效率的提升、目标管理对组织效能的改变、企业文化对组织的合作效能的提升可见一斑。在一定程度上可以认为，两个场域惯习的异质性与管理实践场域对知识的需求，在推动着管理研究成果向实践场域转化应用。不过，可能也正是由于两个场域的结构性差异导致了管理研究成果实践转化出现效益低下乃至产生脱节问题。

从场域结构性质来看，其一，管理研究场域一如其他学术场域，它首要追求的是管理理论与知识的科学规范性，并试图由此达到科学真理性。任何进入此场域的主体和知识成果，必须接受内在逻辑自洽性、知识概念与体系的严谨性、方法与技术的科学性、学术圈的认同性等场域规则的"规训"。这种场域规则基本确立了管理研究者及其成果评价准则，基本确立了管理的学术资源、文化资本、话语体系的累积和竞争的基点。这个基点和长期形塑的场域学术环境与场域惯习的传承性，使管理学术场域成为一种自生态系统。

其二，管理实践场域则因其商业竞争与盈利的市场性质，场域首要追求的是任何资源投入（包含知识资源）都必须能创造经济价值，并且尽可能使投入最小化而产出最大化。经济价值（实效）、效率、资源与权力的竞争是管理实践结构的基本性质。那些适应快变的市场环境，显著提高经营与管理效率，提高企业

的生存与竞争的生态位，明显增强企业业绩的技术、专利知识与方法，将被实践场域选择和使用。这也是实践场域对管理研究成果需求的标准。

其三，研究场域和实践场域的生产与竞争性质是截然不同的，因此，二者对管理研究成果的知识定位与对成果创造的主体价值导向有着截然不同的要求和影响。管理研究场域重视研究成果的学术价值定位和成果在学术圈（学术共同体）文化资本认同与话语权地位。管理实践场域重视研究成果的经济价值定位和成果改善企业经营管理的实际效果。虽然两种定位和影响完全不同，也没有矛盾冲突，但是两个场域的主体在不同动机与能力、时间压力的驱动下，两者却可能产生矛盾冲突，导致研究成果并不能同时满足学术价值与经济价值①。基于当前的管理研究场域及其成果的现状而言，绝大部分管理研究成果都在追求研究成果在研究场域的生态位，其成果的经济实效的价值往往不受重视或者未能开发出来。这导致管理研究成果难以向实践转化，或者实践主体认为其不具有实践可操作性。就此而言，场域结构性质的差异客观上影响甚至决定着管理研究成果价值定向和实践转化的可能性。

布迪厄将惯习视为行动主体在社会场域中（准备）行事的一套"知觉、评价和行动的分类图式构成的系统"②，是一种社会化的主观性。它受场域的结构性质所决定，但又具有主体个性化的心智与行为特征。作为管理研究场域的研究主体，他们受场域科学体系的规训，不同主体虽然有其个性化惯习风格，但科学质疑、科学方法、科学推理、程序规范、审慎创新成为其基本的学术内行性惯习，而争取学术话语认同、学术声望、经济与社会资源、符号文化资本是管理研究者在学术场域中的外行性惯习。行为惯习作为个体的社会化了的主观心智模式，它体现了研究主体和实践主体"身体化"投入的场域结构与场域内局群体的形塑，并使其内在性外在化，以"无意识"行事方式贯彻于各自的社会活动

---

① Anderson N，Herriot P，Hodgkinson G P. The Practitioner-Researcher Divide in Industrial，Work and Organizational （IWO） Psychology：Where are We Now，and Where do We Go from Here？［J］. Journal of Occupational and Organizational Psychology，2001，74（4）：391-411.

② ［法］皮埃尔·布迪厄，［美］华康德. 实践与反思——反思社会学导论［M］. 李猛，李康译. 北京：中央编译出版社，1998：171.

中。由此观之，研究主体和实践主体在管理知识的实践转化的价值认知、动机和行为惯习方面不具有意愿和态度的一致性，管理研究者容易沉浸于管理知识生产在研究场域的"文化炼金术"①，而管理实践者容易陷入管理知识产出在市场场域的"资本炼金术"中，两者或有相通可能性，但起点与终点都不重合。由此"区隔"而导致管理研究与实践的隔阂乃至脱节，并不足为奇。

---

① ［法］皮埃尔·布迪厄．文化资本与社会炼金术［M］．包亚明译．上海：上海人民出版社，1997：86-92.

第三章　我国领先企业管理实践研究的价值分析

第一节　我国领先企业管理实践的示范价值

领先企业一直备受关注，行业追随者以它们为标杆，追赶、模仿和学习，国家也以其为傲，因为它们代表着民族工业精神，也树立了民族信心和希望。领先企业的成功和领先地位的获得并不是一蹴而就的，而是一个经历长期奋斗，遭遇挫折，由弱变强并走向成功、成就卓越的过程。这个过程中积累形成的经营管理的理念、文化、管理经验和实践方法，是管理科学发展成熟的重要的实践养料，对无数后发企业或者处于艰苦跋涉阶段的企业都具有实践学习效应和迁移示范性，这便是领先企业的示范价值。当越来越多的企业将领先企业作为追赶的对象、模仿的对象、企业建立民族工业自信心的力量时，领先企业的示范效应便由此形成了。以下将从理念、文化、实践模式三方面来讨论领先企业的示范价值。

一、领先企业的理念示范性

为什么有些企业就能成为领先或卓越企业，而另一些企业却做不到？柯林斯曾反思过这个问题，即明明很多企业都具备成长为卓越公司的条件，但为什么只有少数企业能够做到卓越？在柯林斯看来，那些能够实现从优秀到卓越的企业都是敢于直面残酷的现实，先人后事，坚守核心观念，创造驱动持续发展驱动力，善用技术加速增长的企业①。在面对市场、嵌入社会中长期磨砺中，许多领先企业逐渐形成了一套针对经营管理实践问题的经营哲学与心智模式，指引企业直面环境、顾客与员工的变化，确定战略落实行动，并有意识地发展适应时代竞争环境、适合于自身的经营理念及行动体系或管理方法论。

所谓的经营理念，是指引企业开展经营与管理的哲理定念，是经营者追求竞争力与利润的心理"信仰"，是对顾客、竞争者以及职工的价值观与正确经营行为的确认，然后在此基础上形成企业基本设想与科技优势、发展方向、共同信念和企业追求的经营目标。企业经营理念是企业生存的根本，决定着企业的发展方向和命运。领先企业的领先优势的形成，与其经营理念的设定和创造性的执行有着重要关联。例如，日本松下公司的"造人先于造物"和自来水哲学，德国奔驰公司的公平、尽责、快乐的理念。

国内领先企业也有许多秉持如一的良好经营理念。以 TCL 集团的经营理念为例，其秉持"为顾客创造价值，为员工创造机会，为社会创造效益"的宗旨，正确处理了顾客、企业和社会三者之间的利益关系。在致力于满足顾客需求的同时，还非常重视企业的社会责任，从而确立起符合时代要求的社会营销观念。TCL 在国际化的路程中，用"鹰文化"、鹰的坚韧、搏击长空与老而弥坚精神理念指引企业和员工直面竞争、应对变化不断开创形式的事业。TCL 为适应市场变化和竞争的要求，准确把握消费者需求特征及其变化趋势，TCL 集团建立起不断变革和创新的观念，以便把市场需求的变化作为调整企业发展战略和优化资源配置的基本依据，更好地满足市场需求。从 TCL 集团的发展过程来看，无论是其组织体制、产品研发及产品组合的扩展，还是分销网络的建立及其他一切营销活动，都是在上述理念的指导下展开的。所以，TCL 的成功，首先要归功于其适应

① ［美］吉姆·柯林斯. 从优秀到卓越［M］. 俞利军译. 中信出版社，2010：13-15.

当代中国市场环境的正确的经营理念，也说明企业成功需要正确的经营理念，TCL 的经营理念和市场开拓思维是公司长期坚持并促进发展的指导理念，也为中国企业的经营管理提供了好的榜样。

领先企业的经营管理理念不仅对企业自身的运营和成长具有良好的导向性，还能够引导和激励员工为客户、为企业也为自己贡献才能，创造价值，而且对领先企业的供应商及合作伙伴，对同行企业乃至社会具有示范引领作用。领先企业的经营管理理念体现了其对各类利益相关者、对环境与社会的价值判断和价值选择，通常而言，这些企业的理念具有非常好的价值定位、价值远见和正能量的价值指引，这类理念不仅能够吸引供应商、合作伙伴强化与领先企业的合作，而且能够促进供应商与合作伙伴吸收或借鉴领先企业的经营理念，优化自身的企业文化，提高经营管理水平，从而带动整个产业链生态环境的提升。比如，TCL 的"三为"宗旨和鹰派文化理念为其在国际化的并购、整合中建立被并购公司的信任，消融彼此的矛盾冲突，度过并购后的整合危机提供了正能量示范。领先企业的经营管理理念还可以为公民社会的良性发展提供理念示范，带动全社会的生活理念、工作理念、社会关系理念的提升，有利于社会稳定和可持续发展。TCL 的"三为"宗旨体现了市场经济中中国传统文化的示范，即个体或组织应该为他人、为组织、为社会做出贡献（即 TCL 宗旨中的"价值""机会""效益"），才能体现自己的价值，得到相应的回报，而且要实现这样的价值抱负，就要锻造像鹰一样的强大能力和坚定意志。又比如，碧桂园的企业使命是"希望社会因我们的存在而变得更加美好"，提出"要做有良心有社会责任感的阳光企业"，不仅传递了企业的社会责任承诺，体现了公司存在的价值，也对公民社会的良知、责任、价值贡献的理念确立与氛围营造做出了示范。

二、领先企业的文化示范性

企业文化是企业的基因与灵魂，在企业经营与管理中发挥着理念引领、思想统一、团队凝聚、行为规范、组织激励和稳定队伍的作用。企业文化因其所在国家民族、地域行业、时代环境、领导团队的不同特点，呈现文化的不同风格与精神气质，对企业发展的作用方式和文化的影响力也呈现差异。我国领先企业的文化在中国传统文化的熏陶下，相对西方管理文化具有鲜明的民族文化特征，更利于中国企业坚定文化自信、经营自信，对后发企业的管理文化建设具有示范效应。进一步地，尽管大多数企业都赞同企业文化对企业的发展、企业组织管理很重要，但在企业文化形成、企业文化与管理执行、企业文化与业务经营融合等方面，许多国内企业做得不尽如人意，没有达到企业文化促进企业长期绩效提升的效果。而国内领先企业不仅重视企业文化作用的样板，而且将企业文化与企业成长融合的范本，也是推进企业文化革新的示范者。

以近年来异军突起的大疆公司企业文化为例，公司致力于用技术与创新力为世界带来全新视角，以"未来无所不能"为主旨理念，在无人机系统手持影像系统与机器人教育领域成为业内领先的品牌，以一流的技术产品重新定义了"中国制造"的创新内涵。从创立至今，公司一直坚守"激极尽志，求真品诚"的企业精神。始终践行全新的文化和价值观，将卓尔不群的产品之道贯穿到每一个细节，展现科技的无限可能。多年来通过不断革新技术和产品，公司开启了全球"天地一体"影像新时代；在影视、农业地产、新闻、消防、救援、能源、遥感测绘、野生动物保护等多个领域，重塑了人们的生产和生活方式。大疆激极尽志的文化观是其可持续发展的源泉，也正激励着我国其他企业文化的创新与发展。大疆公司的企业文化及其在航空领域的竞争力，展示了中国本土科技企业的组织文化嵌入研发与生产，通过卓有成效的创新成就企业的领先地位，为中国科技企业的文化建设做出了示范。

与许多企业把文化视为"花瓶"、装饰品不同，我国领先企业无不重视企业文化建设，培育优秀文化基因，在企业经营管理的各个环节植入文化基因，塑造健康而有生命力的企业人格，将企业的价值观、企业精神、原则与作风贯彻到员工的行动和企业的行事当中。这种对企业文化的重视与坚持，不仅利于企业健康发展，也为其他企业发展做出了文化示范。正是由于一以贯之的重视企业文化建设，善于将企业文化与经营管理融合，这些企业不仅建立了核心竞争力，而且经历了商业与社会环境的风雨考验，保持了长期增长态势。例如，美的集团以"科技尽善，生活尽美"为文化愿景，坚持通过技术创新提升产品品质和服务，具备与时俱进、稳中求变的文化基因，重视人才文化建设，提出"宁可放弃一百万的利润，也不放弃一个对企业有用的人才"，并营造了一种开放、公正、公平的工作环境，提供平台和资源激励员工创造价值。集团自1968年成立以来，从小家电起步，不断吸收人才，积累技术，进而进入全品类家电生产，并购优质资产，美的集团一直保持着健康、稳定、快速的增长，经历了20世纪50%以上高速增长，公司在成为"航母级"企业后仍然保持了稳健的增长速度，公司2021年营业总收入达3434亿元，首次突破3000亿元，同比增长20%；净利润为290亿元，创历史新高，同比增长5.5%①。相关证券机构对该企业高自主研发能力、企业执行力、灵活的组织架构以及激励机制，支撑其成为一家具备强大新业务孵化能力的"平台型"的企业。

领先企业的企业文化虽然在表达方式上有所不同，但其对企业文化重视和将企业文化融入业务发展却具有共同点。它们将企业文化始终嵌入企业的组织和运营，以及员工的行为和结果中，通过产品服务和员工的行为来发挥文化基因的显性作用，证实企业文化并不是花瓶文化，而是决定企业长期发展的核心力量。

三、领先企业的实践模式示范性

领先企业的管理实践对管理知识增长和管理案例积累具有重要的价值贡献，领先企业的管理实践被提炼为系统科学的管理理论、管理规则和管理方法后，又经由商科教育、管理咨询和企业组织学习，成为众多企业广泛参考借鉴的管理实践模式。例如，阿里巴巴B2B公司是全球电子商务的领先者和中国最大的电子商务企业，其电子商务业务主要集中于B2B的信息流，是电子商务服务的平台提供商。阿里巴巴B2B着力于营造电子商务信任文化。其独具中国特色的B2B电子商务模式为中小企业创造了崭新的发展空间，在互联网上建立了一个诚信的商业体系。如今电商平台的不断扩大也充分说明了阿里巴巴在电子商务领域和为

---

① 财联社. 揭秘美的2021年营收增长20%的背后科技逻辑［EB/OL］. https：//baijiahao. baidu. com/s？id=1732344716637430227&wfr=spider&for=pc.

中小企业服务方面所做出的巨大贡献。又如，华为公司的《华为基本法》，从1995年萌芽，到1996年正式定位为"管理大纲"，包括宗旨、经营政策、组织政策、人力资源、控制政策等方面，华为利用制定基本法的时机，将高层的思维真正转化为大家能够看得见、摸得着的东西，使彼此能够达成共识，这是一个权力智慧化的过程，同时华为的基本法作为领先企业经营哲学的纲领，也引发了很多企业相继模仿。再如，华侨城，一家深圳非常著名的文化休闲公司，学习并总结出了华侨城"宪法"，并坚持市场导向，走以人为本的可持续发展之路，现在华侨城集团的文化产业正以其独特的魅力成为行业的典范。

我国领先企业的管理实践能够为本土管理发展贡献知识价值，能够为其他企业提供实践模式的标杆示范的要因在于：其管理实践模式是企业自创业开始经历成功—挫折—失败—成功的循环探索，长期发展中在商业（业态）模式、战略管理、生产经营、市场竞争、客户管理、研发创新等方面形成了自己一套或多套迭代更新的可复制的实践模式。钢铁生产制造是一个传统资源性行业，钢铁生产与经营存在能耗高、成本敏感度高、竞争激烈、技术创新困难等难题，江苏沙钢集团创始人沈文荣提出，"怎么避开劣势，用优势来弥补劣势，这就是我们当前应该思考的问题"。沙钢集团的成长与竞争模式即由此问题而确立，通过品种结构调整、用户选择、风险防控等一系列周密有效的管理，沙钢集团在社会主义市场经济环境下创造了独树一帜的沙钢模式，创业40多年来由小到大、由弱变强，表现出的盈利能力稳居行业第一方阵，连续14年跻身世界500强，2022年位列第291位，成为跨行业、跨地区和跨国界的企业集团。

领先企业的实践模式还有许多，像家喻户晓的可口可乐贡献了战略联盟、管理外包的商业模式；主打日用品的宝洁公司采用的"品牌管理""多元产品"及"创新模式"启发了人们无穷的想象；微软所带来的"速度革命"开启了人们对电子商务和信息条件下商业模式的认识；而沃尔玛所缔造的商业神话，更把"高效消费者回应""供应链管理"及"消费信息驱动生产"带到了人们的日常管理当中；等等。这些领先企业的优秀管理实践是经时间检验过行之有效的管理利器，是值得借鉴学习的方法论。启示我们在学习领先企业示范价值的同时，更要深入挖掘我国领先企业成功现象背后的本质规律，充分学习和运用于自身，努力去成为下一个领先企业！

四、领先企业管理实践的迁移示范性

知识对企业获取竞争优势的作用不言而喻。一个企业组织的新知识或者来自企业内部的创造，或者来自企业外部的获取。而领先企业持续成功实践所形成的经营管理知识与经验是企业获得外部知识的主要来源之一。一家企业能够从创业开始，经历生存之难、快速增长、稳定发展、竞争领先、艰难转型（二次创业）、稳健发展、持续领先这一企业生命周期周而复始的企业，一般都有其比较系统化的经营管理思想体系和运营管理制度及方法。其经营管理体系和管理制度与方法对其他企业具有模仿和迁移示范性。我们经常能看到，某地区一家成功的领先企业周边通常有许多处于同行业但发展水平及细分领域不同的中小企业，这些企业一般先向领先企业学习或模仿技术、生产设备、工厂布局、工艺流程、生产流程、品控制度，然后向领先企业更深入地学习或模仿其品牌管理、组织架构、投资经营、商业模式、市场竞争、文化建设等。此外，许多领先企业也主动对为其配套的中小企业或有意合作的同行细分企业转移输出相应的管理制度、方法与经验，帮助其提升管理水平与运营效率。例如，海尔集团早期发展中也面临质量、技术、人员素质、流程管控和制度执行不到位等问题，后来以"砸冰箱"事件为爆发点，进行了企业生产管理的彻底改造，实现现代化、科学化管理，并形成日清日高管理法、赛马制人才管理、内部市场化等管理做法与经验，并举办海尔大学向相关企业输出其创造的管理知识与管理工具，许多制造型中小企业纷纷学习效仿海尔的生产与质量管理做法，提升了其产品流程管控能力，提高了生产效率和产品品质。

企业在进行战略管理时常常通过基准分析来比较企业和竞争对手的业绩以识别其核心竞争力，最理想的方法是把企业与领先的一流的企业相比较，无论它们是否处于同一个行业。领先企业在发展壮大的过程中积累了许多宝贵的经验，培养了企业对危机及机遇敏锐的嗅觉，同时具有更完善的突发事件应对机制及更适应社会发展环境的经营管理模式。通过学习、模仿领先企业的管理模式来提升组织内部的管理水平、促进组织绩效的提升是大多数企业采纳的一种方式。通过与领先企业作详细的比较来发现组织内部存在的问题或隐患也是众多企业稳中求进的重要途径。

第二节　我国领先企业管理实践的文化价值

一、管理与文化的关系

管理与文化之间的关系非常紧密，大到国家，小到团体，文化都对管理产生了至关重要的作用。文化不仅影响着管理理论的发展，也对管理实践的运行有着很重要的影响。对此，在针对管理理论与文化的关系上，周建波（2007）指出，管理文化是企业有意识、自觉利用文化合力的管理理念与管理行为。在对文化与管理关系的不断研究中，形成了三种观点：第一种是文化无限制论，他们认为不论是在市场经济环境中还是在不同技术和心理下，文化只能视作一种偶然因素，而不是基础性因素。第二种是文化特定论，该种观点认为，管理和组织之间是有文化和制度嵌入性的，国家之间的文化和制度不同，会对企业中的管理和组织产生不同的影响。第三种是整合论，它将前两种派别的观点进行整合，认为文化虽不具有决定性的作用，但具有重要的作用，即文化是特定管理模式产生的必要而非充分条件（彭贺，2007）。在结合相关研究的基础上，我们认为文化是影响管理实践的一个重要变量，管理理论具有一定的情境嵌入性，文化对管理理论的发展具有内嵌性，一项理论的出现和成熟依赖于特定情境和文化基础，受不同文化的影响，管理理论的路径可能向着不同的方向发展。当然，管理理论的发展不是仅受文化这一唯一变量的影响，任何理论都是在多种因素不断交织的影响下形成与发展的。

西方管理理论兴起以来，中国学界与业界对管理的理解大多是来自西方不断涌现和输入的理论，但随着中国改革开放的不断推进，经济不断发展，企业的蓬勃发展，越来越多的企业家与经理人意识到：一味地接受和模仿西方的理论从长期来看对中国企业发展有局限性，中国的企业发展的指导思想，要像发展新时代中国特色社会主义一样，探索出一套适合于本土管理研究的思想和理论。中国有着两千多年的独具特色的传统文化，像儒家文化、道家文化、兵家文化等，这是中国异于其他国家的，也是中国独一无二的发展文脉基础。虽然我们已经向西方学习了大量的现代管理技术，但中国的组织仍然保留着儒家思想或道家思想的强大影响，主要反映在四个方面：我们的组织是差序格局式的；我们的组织互动仍保持社会关系和人情关系的特质；我们领导仍要情、理、法兼顾，保持礼治秩序的特色；组织发展要保持阴阳平衡，整体协调。中国想形成一套适合于我国的管理理论，必须要立足于中国的社会结构、国家体制和市场环境，在我国文化传统的基础上发展。

文化嵌入企业管理的直接接口是企业文化，通过企业文化影响企业的经营管理实践。在我们了解一个在行业内处于领先地位的企业时，我们发现企业内所蕴含的深深的企业文化，体现在企业的日常经营活动、职工的工作态度、管理者的领导作风，等等。企业文化深深嵌入到组织的经营实践中，优秀的企业文化能使企业更加具有凝聚力，提高经营效果，使其在竞争中处于不败地位；而薄弱的企业文化可能使一项正确的决策因为实施不力而失败，最终影响企业的竞争地位。

文化对管理实践的影响体现在企业哲学、价值观、道德和组织制度上，只有对文化、哲学和价值有了清醒的认识，才能对管理实践有更好地认识，才能帮助企业更好地发展。文化是一种看不见摸不着的东西，因此，在探究管理实践与文化的关系时，不应该局限于经验和理论的层面，还应该对文化、价值与哲学层面进行综合把握。文化、价值和哲学可以说是管理的真正起点，特别是涉及组织、领导、员工与领导等问题时，没有一项管理不是与文化、价值和哲学相交融的。决策和政策制定的指导原则更要考虑到文化、价值和哲学的因素，不管是有意识的还是无意识的，这些因素对于制定决策和执行政策同样重要。

因此，管理与文化之间是密切联系又存在差异的，文化不仅会影响到管理理论的不断发展，同样会对管理实践产生很大的影响。管理活动是文化积淀与文明不断演进的结果，但文化又具有特殊性，只能适应于特定的环境和行为中，所以说，文化与管理之间既有联系又存在差异。

二、领先企业管理实践的文化嵌入性

"嵌入性"理论是新经济社会学研究中的一个核心理论。波兰尼在《大变革》一书中首次提出"嵌入性"概念，并将此概念用于经济理论分析。他认为，"人类经济嵌入并缠结于经济与非经济的制度之中，将非经济的制度包括在内是极其重要的。"而文化嵌入性是指经济现象受到社会文化环境的影响，Zukin 和 Dimaggio（1990）最早正式提出文化嵌入的概念，文化嵌入最初被界定为共同的价值观对经济战略和目标的影响，文化可以通过信仰和理念、习惯成自然的假设或非正式的规范系统来影响经济。企业中处处是文化，大到企业的价值观和历史使命，小到一项组织或人事决策，文化在企业不断发展和壮大的过程中发挥了非常重要的作用，可以说，企业就是各种文化的结合体。文化以一种正式或非正式的方式嵌入企业的经济活动中，其正式方式嵌入指的是企业的治理体制、组织结构、制度文化、品牌文化、经营管理的流程规范等，企业的显性文化建设如愿景、使命、价值观表述等在一定意义上而言也是正式的嵌入方式，而企业的工作惯例、企业作风、企业精神、道德舆论等则是文化在企业中的非正式嵌入。

从我们对领先企业的不断了解中发现，领先企业之所以处在领先地位，除了他们在经营中不断形成的硬实力，还有着其他企业所不能模仿的软实力，这种软实力似乎是看不见摸不着的，但却深深嵌入公司的方方面面。比如，领先企业在经营过程中形成的企业哲学，他们在管理活动中表现出来了特定的世界观和方法论，这是他们在进行各种活动、处理各种关系和信息的总体观点和方法，它是企业在进行各种活动的根本指导思想，它就像纲领一样指导着企业的各种经营活动。企业中最具有灵活性的就是员工，如何有效领导和指挥员工，是企业必须认真思考的问题。领先企业中的员工有着相似的企业价值观，这种企业价值观是企业与员工共同遵守的。比如，海尔集团的价值观是着眼创新，注重品质，尊重个人，一切以顾客为中心的是非观。华为公司的核心价值观是以客户的价值观为导向，以客户满意度为评价标准。这些价值观的背后是深厚的文化基础。另外，企业道德作为一种规范性文化，是调整企业与社会之间、员工之间、员工与客户之间的行为规范的总和。我们很难想象企业背离了道德会给社会造成什么样的破坏性影响，同时给消费者和社会带来的伤害在很长一段时间无法愈合。企业文化无时无刻不体现在企业的经营活动中，一个行业中的佼佼者之所以能获得如此卓越的地位，除了其采取的优秀战略、完善的组织结构等硬实力，其中必然有其独有的文化。

经济发展需要一种文化软实力的支撑，正如国家的发展离不开文明复兴和文化自信，企业的发展也需要文化的熏陶和指引。企业文化没有优劣之分，再好的企业文化也需要适应企业特定的经营活动，文化不是单一存在的，需要与经济活动相结合，只有与经济活动嵌入好的文化才能是适合于企业的文化，这种文化才能根植于企业，企业也会因这种文化而发展得更好。相比于其他企业，领先企业内的文化能更好地嵌入经济活动中。领先企业之所以能够处于领先地位，除了可能优于其他企业的优势，更重要的是一种使命和责任感，像海尔、华为，它们的价值观是以客户为中心，它们的使命就是让客户满意，创造更多符合顾客需求的产品，而不是一味地多卖产品。这种使命直接影响到高层如何制定长远战略，高层所制定的每一项战略都以背后的企业文化为基础。当明确一项战略之后，就需要领导者和员工执行决策，而所有权与经营权相分离，企业中的经营者可能因为种种原因做出有损于所有者的事情，而企业文化的存在，它规范和牵制经营者必须按照企业的价值观来行事。另外，企业使命感和文化认知带来组织成员的文化认知和价值观改变，使领导者的价值观与企业成员价值观与行为相统合，最终反映在组织制度上，这种以企业文化为基础的组织制度使上传下达更有效率，使领导者与员工的凝聚力加强，增强了企业应对挑战的实力。

三、领先企业管理实践的文化引领性

当下企业界流行这样一个热门话题："一流企业做文化，二流企业做品牌，三流企业做产品。"领先企业的发展为其他企业的发展及进步树立了一个象征性的标杆，也为整个本土企业带来了对管理实践的新想法。文化的真正力量不仅在于口号和标语，也在于文字背后的身体力行、知行合一。领先企业管理实践的文化引领性可以从对企业文化、行业文化的引领性来理解。

就领先企业管理实践的企业文化引领性而言，领先企业以文化来凝聚人心引领企业发展。万物之生命有限，而文化之树常青。物质的存在终将速朽，唯有文化生生不息。文化是我们自己创造的，文化又反过来塑造和影响着我们每一个人，决定着我们设定的目标能否实现，管理者在公司内部建立符合企业战略实现的企业文化氛围，将员工的目标与企业的目标很好地结合在一起，给予员工强大的工作动力，增加员工的归属感与忠诚度，从目标一致性方面促进企业战略目标的实现。领先企业重视文化的实践建设和引领企业发展的价值。许多优秀企业所呈现的愿景、使命、宗旨就非常激励人心、鼓舞士气。如以厨电业务为核心的方太集团提出以"为了亿万家庭的幸福"为企业使命，激励全体方太人用创新的技术、高品质产品为每个家庭的美味生活创造价值；比亚迪汽车公司确立"竞争、务实、激情、创新"的价值观激发员工务实抓好工作，不断提升能力，积极参与竞争，激发创新热情，取得亮眼成绩；阿里巴巴的经营理念"让天下没有难做的生意"，围绕这一理念其价值观体系也逐渐提炼，从最早的"独孤九剑"，精简为现在的"六脉神剑"——客户第一、团队协作、拥抱变化、敬业、诚信和激情，所传递出来的价值观和企业文化，则成为浙江精神的生动写照。

领先企业的管理实践可以发挥行业文化引领效应。领先企业作为各个行业的头部企业往往具有规模大、创新能力强、质量效益优，以及较大带动效用的特点，它们对各个行业的产业集群化发展、产业整体水平提升和创新能力增强可以发挥"头雁效应"。而这种头雁效应的发挥离不开行业文化的引领。一方面，领先企业其本身企业文化理念与经营哲学高瞻远瞩，境界与视野开阔，企业的组织

文化建设与落地管理顺行流畅，文化对企业成长与业绩提升有非常好的引领、激励和保障作用。领先企业的文化建设为同行业企业做出榜样，值得同行效法借鉴。华为之所以成功，不仅因为在技术上从模仿到跟进又到领先，更是由于华为独特的文化内涵。从产品到技术再到文化，华为都做得有条不紊，任正非对企业目标的界定，对企业管理的创新，对智力价值的承认，无不映衬出华为文化支撑的正能量，启迪员工的心灵力量，穿透复杂表象的深邃思想力。另一方面，领先企业能力引领行业形成或建设行业特色文化规范，使进入该行业的企业都能重视行业的文化底色、行业的文化软实力建设。例如，以海尔、美的、海信、TCL 等领先企业为代表的家电制造行业，经过长期的行业企业经营探索、市场竞争逐步形成重视质量文化、流程管控文化、品牌塑造文化、稳健成长文化和技术投入文化等，进而形成中国家电企业在全球的强劲成长力与竞争力，根据相关研究，中国的家电出口额占全球的 40%，远超第二名德国的 7.1%。具体来看，大家电领域，中国整体出口额全球占比为 33.4%，排名全球第一，冰箱、洗衣机、空调出口额排名均为全球第一①。

四、领先企业管理的符号价值性

当我们提到美国管理特色的时候，一定会找相关优秀企业作为其典型代表，例如，福特汽车可以作为美国流水线规模化生产的代表，苹果公司、微软集团可被视为美国重视科技创新的管理特色的代表。同样地，当我们谈论日本的管理特色的时候，丰田所代表的全面质量管理、松下和京瓷等所代表的企业文化管理给我们展现了日本管理的价值贡献。我们所提到的这些企业是美国、日本的领先企业，它们的管理实践也可以作为各自国家商业管理的文化符号，展示各自国家的工商业管理水平。

第一，领先企业的经营管理具有"品牌符号"价值。消费文化学者鲍德里亚认为，"由于科学技术的发展和现代社会生产力的提高，现代资本主义社会已

① 中研策略. 家电：中国最具全球竞争力的消费赛道，没有之一？［EB/OL］. https：//baijiahao. baidu. com/s？id＝1699744183281758901&wfr＝spider&for＝pc.

经是一个产品过剩的消费社会。人们已经从原来为物所役转变为被符号所支配"。一个企业所涉及的符号所承载的精神观念能够得到消费者的理解与认同时，消费者会相应地对传达该符号的设计与产品产生好奇与消费欲望。现代社会已经不仅仅是一个商品和物的世界，而是成为一个符号的世界、符号的王国，电视广告、网络媒体等都是符号的载体，人们的消费是在报纸、电视、网络媒体的符号里。而符号创造价值是基于品牌树立的，品牌就是一个符号，品牌价值的提升、品牌效益的实现就是一种符号价值。领先企业一方面在研发创新、产品设计、生产制造、管理制度、市场营销和客户服务方面要明显超越同行业的经营管理水平，在一定意义上来说该企业的产品和服务就是该行业的品牌符号，例如苹果公司的苹果手机、阿里巴巴的跨境电商服务、比亚迪的电动汽车制造、可口可乐的碳酸饮料等；另一方面，这些领先企业本身也非常重视品牌文化与品牌能力建设，在消费者和社会中打造名牌价值、品牌效应，提升品牌竞争力，例如，农夫山泉重视产品对消费者核心诉求的响应和激发，早期提出品牌调性是"农夫山泉有点甜"，现在定位为"我们不生产水，我们只是大自然的搬运工"，品牌调性的确定与迭代确立和维护了农夫山泉在饮用水领域的行业头部地位；格力空调的"好空调，格力造""格力核心科技"反映了格力公司对高品质、高价值空调的品牌调性，确立了消费者对格力品牌的美誉度、忠诚度。

第二，领先企业的经营管理实践具有"民族文化符号"价值。古人云"文以载道"，处在相同文化环境下的人们往往有着共同的心理需求。如传统的"孝"观念在中国民族精神中根深蒂固，是社会所提倡的个人精神品性，则人们会寻求能够传达"孝"精神的载体。一个企业的发展、成长以及在世界上的知名度，其所具有的文化方向与价值皆代表了整个国家的形象，即所具有的符号是国家的符号，更是代表了国家的一种民族文化。例如，被大众熟知的大庆油田，它代表了整个国家的形象，也俨然成了中华民族的一种民族文化的符号代表。从当初以"宁可少活二十年，拼命也要拿下大油田"的献身精神，以"有条件要上，没有条件创造条件也要上"的英雄气概，到今天以"爱国、创业、求实、奉献"的企业精神，一代代传承，务实坚持国家的民族文化的体现，代表了国家的一份气节。以"弘扬中华饮食文化，提升人们健康生活"为使命的全聚德，"一带一路"中成为中国文化的标志性符号的青岛啤酒（张恒军，2017）等，它们是一种文化符号，骨子里是中华民族各种行当里头能够代表民族特征的精英层，又是一种商业符号，体现了一个企业的产品在市场上的被认可度。

领先企业的管理实践还能够增强国家与民族的文化自信，激发爱国热情，促进民族进取、创造精神的凝聚。前已述及，领先企业管理实践可以成为一个国家工商业管理水平的标杆代表和符号缩影，这个符号缩影往往渗透于这个国家的国民心中成为国家或民族商业形象的代表，提升国民的民族自信与自豪感，同时，渗入国民日常生活中成为百姓购物的首先品牌，例如三星、LG 之于韩国，丰田、日产之于日本。我国的华为公司从通信产品贸易公司起步，视人才为资本，以客户为中心，以研发为核心，长期自力更生艰苦奋斗，成为全球通信领域世界排名第一的跨国企业，成为中国企业科技自立自强的精神符号，树立自主创新中华有为的自信心。当华为受到美国以国家力量进行系统性打压的时候，激发了百姓强烈的爱国热忱，老百姓举国声援，通过媒体发声、消费支持、同行力挺、政策支持等方式坚定支持华为，度过困难阶段迎接凤凰涅槃。

第三节　我国领先企业管理实践的学术价值

一、领先企业管理实践对管理研究的价值贡献

管理学作为一门社会科学，其目的是研究在现有的条件下，如何通过合理的组织和配置人、财、物等因素，从而提高生产力的水平[①]。由此可见，管理学是一门应用于实践的学科，管理学的知识来源于对管理的不断研究，又因为管理学

---

① 罗珉. 管理学范式理论研究［M］. 成都：四川人民出版社，2003.

具有实践性与应用性的独特特征，更加需要对管理实践进行进一步的探讨，因此本书通过领先企业管理实践的研究，为管理学提供了更加具体准确的管理逻辑与方法，以及充分体现了管理实践的规律。

在 2005 年，国家自然科学基金委管理科学部提出了"直面中国管理实践"①的问题，这一方向选择也得到广大中国管理学者的认可、支持与研究。基于这一理念，通过对我国领先企业优秀的管理实践进行研究对于管理学理论的研究的主要价值贡献可以总结为以下三点：管理学的理论来自管理实践的经验总结；管理学研究依靠管理实践提供的工具价值；管理理论研究的正确与有效性需要经受管理实践的考验——而经受实践的检验恰恰是最本质意义上的"实证"。②

首先，管理学的理论来自管理实践的经验总结。这点也可以表示为是对管理学研究学者的贡献，领先企业管理实践为管理学研究提供一定的经验性支持，在管理研究上提供有效的知识与思想的推动。管理学的研究学者必须通过研究管理实践，不断地进行经验总结，挖掘管理研究中的真理要素，应用于企业的管理中，在管理实践中探索管理过程和变革逻辑，进而提炼到抽象层面予以系统化和理论化，结合真实有效的经验，建构具有理论自信、文化自信和实践效用的中国管理理论，推动企业的发展，达到管理学研究的最终落脚点。管理研究的主要目的是建立管理理论，建立理论的目的是解释优秀管理实践背后遵循的原理与规律。③ 可见，研究我国领先企业管理实践属于社会科学研究的范畴，肩负着一定的学术使命，通过对领先企业的管理方法的探索，从中发现管理实践所遵循的原理与规律，从而对相关的管理理论进行发展。例如，已经成为很多美国企业提高生产力和质量的一个标准工具的标杆管理法，主要包括 IBM、AT&T、福特、杜邦和施乐。该方法是面对竞争威胁，施乐公司最先开展了深入向日本企业学习的

① 管理学报编辑部. 直面中国管理实践 催生重大理论成功——国家自然科学基金委员会管理科学部第二届第一次专家咨询委员会扩大会议纪要［J］. 管理学报，2005，2（2）：127-128.

② 赵良勇，齐善鸿. 直面实践的管理研究与德鲁克之路［J］. 管理学报，2016，13（11）：1606-1613.

③ 章凯，罗文豪. 中国管理实践研究的信念与取向——第 7 届"中国·实践·管理"论坛的回顾与思考［J］. 管理学报，2017，14（1）：1-7.

运动，总结分析日本企业的优秀管理方法进行学习，后来其他公司也纷纷使用，提高了企业的经营管理水平和竞争能力。通过对领先企业的管理实践方法总结经验进行学习借鉴，衍生出一个新的管理理论，从而再将其运用到其他企业中，获得企业的提升，这也充分体现了研究领先企业管理实践对于管理学发展的重要性。同时，改革开放以来，中国的企业管理实践也取得了迅猛的发展，为管理研究与发展提供了众多宝贵的经验，还蕴含着中华民族的优秀管理文化与管理智慧。这也为中国管理理论与方法奠定了很好的基础，认识到领先企业管理实践的学术价值的重要性，给予研究者一定的信心，推动我国管理学研究的发展。在一步步地对我国领先企业管理实践研究的过程中，探索出本土特色的管理方法与逻辑，为整个管理学界的研究提供必要的学术影响，形成助推器。

其次，管理学研究依靠管理实践为其提供工具价值。实践性是管理学的基本属性之一，管理学研究既是实践行动的结果，也要靠实践来为知识的生产力创造提供场景、方法与工具。理论研究成果往往是超越对现实具体问题、具体现象、具体行动的抽象知识，当它需要返回到现实当中进行应用时，需要对抽象知识进行具象化的分析阐述，需要有配套的方法、技术工具、制度流程来推动理论的落地实施，在一些具体应用领域还需要根据该领域的特点进行"变形"应用创新。以管理学开创者泰勒的科学管理为例，泰勒提出了科学管理理论，认为通过对工厂的科学管理才能提高劳动生产率，指出要对工厂的人员、工作方法、工作管理、工作评价、报酬激励等进行改进和强化管理来促进高效产出。科学管理理论是否可行，怎样可行，需要有与之配套的能在企业、工厂中可以应用的方法与工具，为此，该理论提出工作标准化、人员选拔制、差别计件工资制、设立职能工长制等制度与方法来应用该理论。

许多管理理论其产生或应用首先都是在国内乃至全球领先的企业中进行开发或应用的，例如，六西格玛原则首先在摩托罗拉、GE 等全球性跨国公司进行应用与改进，并开发了一系列的质量管理工具，是该原则成为企业战略实施和生产质量管控的管理工具。领先企业管理实践带来的是具有科学性和有效性的管理工具与方法，不仅为管理理论与知识的实践转化开发了管理工具与方法，而且这些方法与工具能够很快地在行业内外、国内外产生实践带动效应。换句话说，领先企业在运营过程中开发或形成了各自独特高效的方式方法，无论是领导力、成立基础、战略、创新方面，还是组织结构、组织文化、运营实践，其赖以成功的因素都可以为管理研究和实践这座大厦添上流光溢彩的一砖一瓦，现如今已存在上百种管理工具多数都与领先企业的实践密切相关，它们支持着当下企业的管理运行与管理研究。我国领先企业在学习和应用西方管理理论推进管理科学化、现代化过程中，结合我国管理文化特点和行业情况进行应用工具与方法开发或改进。例如，海尔集团在"全面质量管理"体系的同时，根据海尔生产经营实际情况，实施"下一道工序是客户"的质量互检管理办法、基于 6S 质量管理的"OEC 管理法"（即"日清日高"法）和产品质量国际认证，近年来海尔以"人单合一"模式打造了场景体验迭代的新时代质量管理，并开创了家电自反馈、自诊断、自预测系统，为用户提供了故障自预警、事前干预防范的全新解决方案，为新时代全球家电行业的全面质量管理做出了示范。

最后，管理理论研究的正确与有效性需要经受管理实践的考验——经受实践的检验恰恰是最本质意义上的"实证"。管理学理论是来源于实践的，同时也是需要通过对管理实践的分析研究去检验我国管理学理论的可行性以及有效程度。我国领先企业管理实践研究可以对管理学研究成果进行"实证"，体现实践是检验真理的唯一标准。

管理理论的生命力在于其可以指导实践，真正运用到实践中才能准确了解管理方法是否适用。管理学科领域最本质的规律就是两个最重要的属性：实践属性和创新属性。[①] 其中首要属性是实践，在进行管理研究时，所有的检验都需要通过实践，研究者近距离去探讨企业的管理方法与成果，解决管理学科内在问题，只有经过管理实践检验的科学方法才能将实践经验上升为理论。也可以检验过程中发现的问题，在解决问题的过程中实现管理的创新属性。领先企业管理实践的研究对新的管理理念与方法进行总结分析的同时，也是对其进行一定的实践检验

---

① 陈春花，刘祯．中国管理实践研究评价的维度——实践导向与创新导向［J］．管理学报，2011，8（5）：636–639+647.

分析，优秀企业提供了具有领先性的管理模式，通过实践对新的管理思想与方法进行检验，在实践检验中影响企业的战略与文化思维。一个比较经典的实例便是管理宗师彼得·德鲁克的"目标管理理论"实践检验。目标管理提出的上下协商制定目标并逐级分解目标与责任，按照目标的完成情况与贡献进行奖惩激励。这一理论对第二次世界大战后美国大企业机构臃肿人浮于事工作拖沓问题应具有非常好的"疗效"，但实际情况如何还需要企业实践检验。通用电气公司积极采用了德鲁克的目标管理思想，1956 年德鲁克作为通用电气的顾问参与了目标管理的实施，开发了目标管理实施的各项工作要素和绩效计划，并在实施过程中不断调整优化方案，在实施目标管理后通用电气的生产效率和经营能力得到了快速提升，公司股票市值 8 年内翻了 2 倍，并进一步贡献了延伸目标、活力曲线、末位淘汰、强制分布等目标管理工具。

我国的领先企业队伍不断壮大也为管理学理论的实践检验提供了良好的检验样本，并且国内越来越多领先企业重视并主动地开发有实践针对性的"管理微理论"，例如，海尔集团的"人单合一"理论，顺应工业互联网时代的"去中心化""去中介化"的时代特点，从企业、员工和用户三个维度进行建立战略、资源、组织、人员、市场、绩效一体化自主经营体，为中国乃至世界的工业企业互联网转型提供了实践示范。在第七届"中国·实践·管理"论坛的专题报告中有专家强调了两类同管理实践研究相关的问题：管理实践缺乏理论可用的问题、管理理论与管理实践之间的冲突问题，并认为对管理实践的研究终究要回归到管理理论的问题上，以建构、验证和扩散管理理论为自己的研究基点和归宿。我国领先管理实践作为我国管理学研究的一部分，可为管理理论研究提供足够的场景验证的空间，而本土管理理论也应在解决管理实践中的问题确立管理命题的信度与效度。

二、我国领先企业管理实践的本土价值

在全球化时代，中国管理科学要提高水平，走向世界，"既要适应全球化，又要实现本土化"。管理科学没有国界，各国、各地、各企业都可以应用相同的

管理科学，如战略理论、生产管理、营销方法等，中国管理科学全球化就是要学习、引进、发展现代管理科学。但管理科学一旦应用于某个国家、某个地区、某个企业就可能由于其文化差异、地域差异等而具有不同的特点。如名噪一时的"丰田模式"出过许多书，是全球众多著名学府的案例教材，美国称得上是全球管理科学最发达的国家，然而美国并没有"丰田模式"的成功应用案例；同样，戴尔模式堪称经典，在日本同类企业也找不到成功案例。中国管理科学的本土价值就是要继承并发展传统中国管理哲学，促进现代管理科学在中国的实践，并在实践中融合，形成全球化时代的中国管理模式。

中国许多领先企业在面对市场、嵌入社会的长期磨砺中逐渐形成了一套针对经营管理实践的问题，这些领先企业扎根中国大地，充分体现了中国管理学的本土特征。在国内，海尔的"人单合一"思想、华为的灰度管理、联想的管理三要素论、阿里巴巴的价值观管理，这些不仅是企业提出的理念，更是领先企业在长期竞争发展中确立的，面对复杂环境塑造组织柔性，释放创新能量的管理原理或行动逻辑的起点，这也代表了中国管理学的先进性。

从海尔"人单合一"管理模式的成功实践案例看，研究中国管理模式可以从成功管理实践角度入手，随着中国企业管理水平的提升，中国企业管理实践从最初凭经验"拍脑袋"，逐步向讲科学重实效转变。同时，行业对标等实践方法管理咨询等专业服务成为中国管理实践能力提升的有效途径。一批又一批的企业在中国管理哲学指导下，在实践中成功运用现代企业管理科学，融合创新产生了大量的成功管理实践，成为中国管理模式重要的组成部分。

这些领先企业提炼的管理智慧与方法论，不仅促进了自身的成长领先，也对同行乃至商界产生了影响力和学习效应。如果能吸取这些领先企业管理实践的经验，将其融合到理论研究中，能够让理论研究更加接地气，理论成果更易于转化为实践行动，更是对中国管理学起到积极的贡献作用。我们期待中国本土管理理论的发展，期待它在解决本土化问题和创新全球化知识中发挥更大的作用。

做本土研究既需要智慧也需要勇气。尽管本土研究面临着合法性和方法论方面的挑战，但不论从理论还是从实践来看，社会转型时期的本土研究都是非常重要的。为避免管理研究中的"同质化倾向",研究者应该采取更加包容的态度对待不同文化情境下的研究,既要发扬美国式的"务实"主义精神,也要继承德国式的"批判"主义传统;或者在未来,还有中国式的"辩证"主义思维。

从不同角度看管理,我们可以找到中国管理模式发展的信心,中国的管理哲学正在深刻影响全球;我们也可找到方向,大力引进全球一切有利于中国企业管理实践的管理理论与方法;我们还可坚定信念,只要勇于实践,将中国管理哲学与现代管理科学在实践中融合探索,随着中国经济的崛起,中国管理模式必将成功,也必将成为世界管理之林中璀璨的明珠!

第四章　我国领先企业自主管理研究逻辑：实践的理论化路径之一

在领先企业实践的研究中，我们关注到许多领先企业在面对市场、嵌入社会的长期磨砺中逐渐形成了一套针对经营管理实践问题，开展自主研究的心智与行动逻辑（简称为"自主性行动研究逻辑"），并有意识地发展适应时代竞争环境、适合于自身的理念行动体系或管理方法论。它们不仅促进了自身的成长领先，也对同行乃至商界产生了影响力和学习效应。挖掘领先企业的实践者并研究其管理实践的行动逻辑，并从中学习和吸纳他们成功的管理思维逻辑与方法（彭贺，2012），特别是"临场实践"的思维逻辑，将其融合到学术研究中，能够让实践性研究更加接地气，成果更易于转化为实践行动和实践效用。

在长期动荡复杂竞争中、在不断分析和解决复杂的组织管理和战略发展问题中，这些领先企业形成了解决企业成长与发展问题的心智与行动逻辑。而心智与行动逻辑作为一种对事件进行认知、解释和预测的"小模式"，具有行动指向性和相对稳定性。领先企业的这种心智与行动逻辑就是领先企业探索自身管理实践研究的系统性的思维模式与行为惯习。它是企业家及其高管领导风格与组织精神在企业管理活动/事项上的心理基因（骆志豪和胡金星，2010），它在企业长期应对和解决企业重大问题/事件中形成，也在企业总结、反思和提炼企业重要成败案例的研究性工作中得到体现，能在外部研究人员对领先企业相关题材的研究中找到共识性证据链。通过合理抓取到足够的领先企业实践素材，采用合理的研究方法，应当能够提炼出领先自主探索自身实践的心智与行动逻辑。

第一节　扎根理论方法引入和领先企业案例素材选取①

从企业自身角度来分析企业内在管理实践思想与行动体系（即指导企业重大实践问题的决策判断和提炼自身实践的管理思想及方法）时，其研究的思维与行动逻辑是怎样的，针对这一问题，目前尚没有检索到相关研究。现有的管理实践研究的方法论呈现的是学术研究者的定位与行动逻辑，而非实践者的实践定位与行动逻辑，因而当前的研究很难有效解释企业自身角度的管理实践自主探索的逻辑。进一步，为了打开"企业自主的实践管理研究"的"黑箱"，同时减少研究者一开始就以"学术定见"来主观推断企业自主探索的管理实践问题/论题的方法、模式、风格等，本书考虑引入扎根理论方法来开展本研究。

扎根理论方法所秉持的"深入情境—发现问题—寻找案例—获得数据—初构理论—比较文献—建构理论"的研究逻辑（贾旭东和衡量，2016），适合于研究角度较新现有研究不足，力图避免现有理论观点定式左右研究进程，以及从大量经验素材中发现命题和模型的研究。而本研究合乎于扎根方法的应用条件，尝试选取领先企业案例大量的自主管理实践探索素材，通过不断思考、比较、分析、转化经验资料来建立理论或模型。

在管理研究中，扎根理论对资料的重视和依赖，使其与案例研究紧密联系在一起，只不过案例研究讲究资料收集的完备后再研究，而扎根方法的研究则是在

①　第四章部分内容来自乐国林，张新颖，高艳等. 我国领先企业自主性管理研究内在机理初探——基于海尔、华为实践素材的扎根分析［J］. 管理学报，2019，19（7）：968-976。

资料素材收集的同时开展分析，随着资料素材不断补充，译码、范畴推展也在不断连续循环进行（李志刚等，2016），直到达到了一定的理论饱和度，呈现稳定的理论与模型，扎根研究才可以收尾。

参照前述领先企业评价准则，考虑本书作为一种探索性研究，我们选取两家国内领先企业——海尔、华为作为案例素材来源。这两家企业不仅在国内有 20 年以上的领先地位，而且一直重视探索、提炼和发展合乎企业自身的管理思想和方法体系，并且它们所形成的管理实践研究成果，如华为基本法、灰度管理、OEC 管理、"人单合一"和小微创客制，受到国内乃至全球管理实践者的关注和学习。本书将围绕海尔、华为在企业经营管理的环境分析、决策管理、行动执行等方面的资料，按照扎根理论方法流程进行译码提炼和范畴发展，探索两家企业解决管理实践问题发展自身管理思想方法方面的逻辑或方法论。

本书的资料收集主要分为两个阶段：一是通过网络、出版物等渠道，围绕海尔集团和华为公司的一系列实践情况，广泛收集了期刊、媒体的报道等各种各样的二手资料；二是针对由二手数据分析得出的问题，通过访谈、内部资料获取、电话或邮件等方式获取一手资料。共筛选收集到 42 份符合研究主题的资料，其中海尔 18 份、华为 24 份，此外，两个企业的访谈资料共 4 万余字。在资料收集中，我们重视两种渠道途径获得的同一性质资料进行交叉验证。对企业的半结构访谈主要涉及两家企业离职和在职的中层管理人员或子公司中高层经理人各 4 人（分布在消费者业务、人力资源、战略管理、平台部、产品开发等部门），研发、生产和市场一线人员 4 人。在后期资料整理过程中，始终以"企业自主的管理实践知识探索"为脉络，首先，对通过各种渠道获得的资料，在排除受到研究者的主观因素的影响下，将资料以最原始状态融合在一起。其次，由课题组 4 位成员分成两组背靠背进行两家企业资料整理归类和初步开放性译码工作，对于相同和相近译码概念进行合并，对于不同译码进行多次讨论逐步达成一致，完成范畴提炼的前期资料整理和下一阶段分析准备工作。

第二节　海尔和华为管理实践素材的扎根研究

一、案例实践素材的开放性译码

扎根理论研究的译码过程，要始终坚持以丰富度和准确度高的资料为中心。扎根理论分析首先进行的是开放性译码，开放性译码是指将收集到的企业资料进行初始译码和聚焦译码，从而将资料进行提炼和重组。开放性译码的目的在于指认现象、界定概念、发现范畴，也就是处理聚敛（Convergence）问题（李志刚，2007）。本书开发性译码随着资料的整理阶段同时开展，完成案例素材的初始译码工作，即对素材逐段、逐句地研读资料（本书分别以 e_n、w_n 标记逐行编码、事件编码和初始译码的结果，其中 n 为具体数字，代表编码的数目），并能对它们精准命名，完成逐行编码和事件编码工作（部分素材与译码见表4-1）。

表4-1　海尔、华为素材初始译码与范畴化例示（初始译码完全涵盖）

资料摘录 （e：海尔；w：华为）	译码（初始、聚焦）	
	概念化	范畴化
所谓投资驱动平台，是指把企业从管控型组织变成一个投资平台，不再有各种部门和事业部，都要变成创业团队，公司与这些团队只是股东和创业者的关系，从过去的上下级关系变成了投资人与创业者的关系。（e19）	投资驱动平台	内外部支持
用户付薪平台，就是员工原来都是由企业发薪，现在没有传统意义上的上下级了，员工上级就是用户。所以，创造了用户价值，就有薪金；没有创造用户价值，就没有薪金。（e20）	用户付薪平台	
海尔的小微模式从各地的工贸公司开始试水。成立于2007年，以"管控"为职能的42家"工贸们"，在2013年已经全部转型"商圈小微"。目前，小微模式开始在制造、设计、财务等海尔其他部门全面推进。（e33）	内部检验	

续表

资料摘录 （e：海尔；w：华为）	译码（初始、聚焦）	
	概念化	范畴化
我国农村总体文化不发达，商品经济还未成熟，通信是要发展的，但不会这么快、这么急迫；现在对市场的估计过高了一些，造成严重的供过于求。（w13）	市场评价	内外部支持
团队大部分人应该说已经走了很多了，但是剩下来一部分人自己出资，他们自己管理层自掏腰包维持这个公司运营，因为他们坚信自己做的事一定能够成功。（e44）	员工主动配合	内外部支持
我们还专门设立了一个社会上的创业平台，所有社会上的资源都可以来创业。（e52）	资料提供	
我们海尔内部每周六都要开案例会，是没有标准答案的案例研讨会，大家聚在一起纯粹是为了探讨。（e8） 我们要求高级、中级干部与一切要求进步的员工，要在业余时间学习，相互切磋，展开有关讨论及报告会。（w39）	内部沟通	交流互动
西方的管理学家和实践领域的相关人士给予我们（海尔）的探索和实践很高的评价。迈克尔·波特（Michael Porter）和加里·哈默（Gary Hamel）都从战略层面上认可海尔模式创新的方向，但同时他们也指出，若是继续探索，则会面临极大的困难；沃顿商学院、哈佛商学院等学者追踪研究我们的模式创新，他们指出从管理理论发展演变的角度来看，海尔模式打破了原来的传统管理，是互联网时代的创新。（e13） 除了我们自身的努力，所有的产品也包含各位领导、专家的心血。（w22）	专家团队介入	交流互动
周兆林称，海尔的IT产品上游制造环节目前全部外包，"最初我们还有台式机工厂，后来台式机我们不干了，全是富士康、广达等全球领先的公司给我们干，他们也就相当于我的在线部门了。"（e27）	其他企业协作	
中国最大的家电厂商海尔集团将变身为一家平台公司，为海量的小微们提供适合创业的资金、资源、机制、文化等各种支持，而未来海尔将只有三类人：平台主、小微主和小微成员。（e59）	内部团队成立	
我刚和哈佛商学院的常务副院长等人做过交流，他们从公司治理的角度认为，海尔的自主经营体管理模式本质上是一种自主治理模式。（e14）	学术讨论	
企业做大之后，创新能力没有了；企业做大之后，行动非常迟缓，不知道用户要什么，不知道市场需要什么，非常迷茫。（e1）	大企业病	框定问题
长期在传统模式下运营，这种模式的弊端就会暴露出来，对企业而言是机构、人员等冗多，企业运转缓慢。对员工而言，就如同当年吃大锅饭一样，懒散懈怠。（e2）	员工懈怠	框定问题

续表

资料摘录 （e：海尔；w：华为）	译码（初始、聚焦）	
	概念化	范畴化
……但以上实践和研究都有一个局限，即封闭，仍把企业视为一个封闭的体系，在自成体系的企业内部探讨组织和管理方式的创新。(e60)	信息滞后	框定问题
参加周例会的人员通常是中层以上的管理者，他们具备一定的管理能力，而且在面对变革的挑战时，中层经理人是促进或者阻碍变革的关键角色。(e8)	问题再明确	
变革中很大的一个挑战就是上万名中间管理层一定要转变为创业者，否则就要离开。这里所说的"中间管理层"，并不是传统的中层领导、中层管理者，而是指企业和用户之间的那一道隔热墙，这些人不一定有什么职位，但所有外面来的资源都要经过他们。(e22)	层级过多	
传统的组织形态阻碍了员工与用户的直接互动，影响了企业的运行效率。(e28)	流通不畅	
正在演变为没有层级的企业，按照设计，最后只有三种人，即平台主、小微主、创客，他们都要围着用户转。小微主不是由企业任命的，而是创客共同选举的。创客和小微主间可以互选，如果小微主做了一段时间被小微成员的创客认为不称职，可以换掉。(e24)	角色改变	环境驱动
企业想要跟上用户点击鼠标的速度，首先要将最大的自主权和决策权授权给一线员工。(e3) 也许是我无能，才如此放权，使各路诸侯的聪明才智大发挥，成就了华为。(w50)	权力下放	
"原来一提海尔，一定是个家电企业。未来一提海尔未必是家电企业。而是一个制造创客的企业。"周云杰说。这就是海尔发展的方向。(e26)	生产方式转变	
结合海尔正在大力推行的"人人创客"及"企业平台化、员工创客化、用户个性化"等管理模式创新实践，周云杰认为，互联网时代为大众创业、万众创新提供了沃土，为企业转型带来新机遇。(e24) 在电子信息产业中，要么成为领先者，要么被淘汰，没有第三条路可走。(w47)	内外部 环境变化	
海尔现有资金、资源、机制、文化等各种要素全部归于平台之上，而全球资源也可以无界限地进入。"我们的目标是让全球的资源瞬间就可为我所有，让世界成为我的人力资源部。"(e32)	资源共享	
海尔的共创共赢平台不同于一般的信息聚合平台、社交平台，而是以用户最佳体验为驱动的攸关各方共创共赢平台。(e34)	共创共赢	

资料摘录 （e：海尔；w：华为）	译码（初始、聚焦）	
	概念化	范畴化
我们希望一切骨干努力塑造自己，只有认真地自我批判，才能在实践中不断吸收先进和优化自己，才能真正地塑造自己的未来。（w12）	确认实践重要性	聚焦实践
我们也要告诫员工，过度地自我批判，以至破坏成熟、稳定的运作秩序，是不可取的。自我批判的不断性与阶段性要与周边的运作环境相适应。（w14）	明确实践要求	
这些名篇中所提及的管理思想并不系统，但却具有针对性，是用来解决现实问题的。（w6）	实践导向	
任总非常善于从实践中总结经验，他的名篇《华为的冬天》《华为的红旗到底能打多久》《北国之春》《深淘滩、低作堰》《在理性与平实中存活》等，都作为华为行动和发展的指导方针。（w5）	注重实践经验	
回顾华为十年的发展历程，我们体会到，没有创新，要在高科技行业中生存下去几乎是不可能（w11）	创业史长	实践经验丰富
经历了十年的艰苦奋斗，我们从40门模拟交换机的研制开始，终于在SDH光传输、接入网、智能网、信令网、电信级Internet接入服务器、112测试头、模块电源等领域开始处于了世界领先地位。（w55）	变革事件多	
华为的成功首先在战略上，第一个，紧紧围绕资源共享展开，不为其他诱惑所动；第二个，……利用世界上的资源为我所用。（w9）	战略多样	
"人单合一"这个理念，我们正式提出来是2005年的9月20号，到现在十余年的时间，在这个过程当中，走了很多弯路，但始终在坚持。（e47） 当我们走上这条路，没有退路可走时，我们付出了高昂的代价，我们的高层领导为此牺牲了健康，后来的人也仍不断在消磨自己的生命，目的是达到业界最佳。（w48）	过程曲折	
市场部去国外考察，他们报告，国外企业十分重视员工培训，他们将在一两年内，通过员工现场报告，将工作水平提高到国际水平。（w16）	外部借鉴	
我们要求高级、中级干部及一切要求进步的员工，要在业余时间学习，相互切磋，展开有关讨论及报告会。（w52）	知识搜集	材料搜寻
我们要求高级、中级干部及一切要求进步的员工，要在业余时间学习，相互切磋，展开有关讨论及报告会。不要求一切员工都形式主义地跟着念报。（w54）	员工交流	

续表

资料摘录 （e：海尔；w：华为）	译码（初始、聚焦）	
	概念化	范畴化
华为诞生在这个时代，在党的开放政策指引下，迅速成长。华为公司积极争取21世纪末成为大公司，并进入国家大公司战略发展的行列。（w28）	政策指导	材料搜寻
1997年岁末，在西方圣诞节前一周，我们匆匆忙忙地访问了美国休斯公司、IBM公司、贝尔实验室与惠普公司。（w53）	企业访谈	
今天的合作是一个优势互补的合作，我参观了云南电信器材厂，觉得他们实力很强。（w33）	实际走访	
"技术市场化、市场技术化。"我们号召英雄好汉到市场前线去，现在一大批博士、硕士涌入市场，3~5年后会对公司的发展做出推动。（w26）	深入市场	
还有像诺基亚的被并购，诺基亚看到苹果刚开始推出的手机时，嗤之以鼻，觉得不如自己的手机，但最后被苹果颠覆了，因为苹果把手机和互联网连接起来……由此我想到，企业最难的是跟上时代。（e51） 忧患每时每刻就在我们身边，并不一定要提高到很高层次，产品质量不高，返修率不低就是我们的忧患意识。（w37）	问题意识	问题导向
我（张瑞敏）认为这一种模式不是一个商业模式，会成为一个社会模式。就因为一点——互联网，互联网给我们带来的最大挑战就是一个词——零距离。（e50） 客户的价值观是通过统计、归纳、分析得出的，并通过与客户交流，最后得出确认结果，成为公司努力的方向。（w46）	总结提炼	
因为互联网时代来了之后，所有的传统管理者，对昨天所有的成就，今天都必须重新反思、重新来颠覆。所以，从那个时候开始，我们就在思考怎样通过互联网来改变我们自己。（e48）	反思过去	
"对于我来讲，（任务就是）怎样使这个企业永远在研究时代，跟着时代节拍，跟上时代的脚步。"（张瑞敏）（e49） 我们要逐步摆脱对技术的依赖，对人才的依赖，对资金的依赖，使企业从必然王国走向自由王国，建立起比较合理的管理机制。（w49）	问题挖掘	
我们生存下去的唯一出路是提高质量，降低成本，改善服务。（w15）	问题理论化	
为客户服务是华为生存的唯一理由。公司唯有一条道路能生存下来：就是用户的价值最大化。（w8）	管理哲学	框架成型
在华为公司，一个突破性的观点就是认为劳动、知识、企业家和资本共同创造了企业的全部价值。（w7）	管理要素	

续表

资料摘录 （e：海尔；w：华为）	译码（初始、聚焦）	
	概念化	范畴化
企业文化建设就是建立一个思想统一的平台，权力再分配的基础就是公司的企业文化，……华为公司早就分崩离析了。（w10）	管理平台	框架成型
华为在这六年发展，以大市场、大科研、大系统、大结构为目标，建立了一个运作良好的组织体系和服务网络。（w30）	管理网络	
（基本法）只有人家需要了解，我们才可以交流。我们是功利集团，一切都是围着目标转的，没有我们的目标，去交流，是没有实际意义的，这就是搬石头与修教堂的关系。（w27）	初步解释	
基本法不是为了包装自己而产生的华而不实的东西，而是为了规范和发展内部动力机制，促进核动力、电动力、油动力、煤动力、沼气动力……一起上，沿着共同的目标，是使华为可持续发展的一种认同的记录。（w32）	管理概念	
创业之初海尔是典型的金字塔式组织，因为当时企业小，一级一级管下来倒也分工明确、效率较高；而到了多元化战略阶段，由于企业规模急速扩大，原有简单的直线职能型的金字塔组织已不能满足企业发展要求。（e35） 研究开发人员占总人员的40%，市场营销33%，生产15%，管理12%，这是一个良好的倒三角形。（w31）	倒三角	猜想衍化
进入网络化战略阶段后，海尔的组织变革更进一步，完全颠覆传统的科层制体系，将整个企业打散，变成以创业小微为基本单元的网状节点组织。拆掉企业的围墙，让用户参与到企业设计、制造等创新的全过程中来。（e36）	企业无边界	
传统管理范式下，管理思维具有机械论的特色，"计划"而非"演进"成为主要的定式，但海尔共创共赢生态圈的培育和建设具有自演进的特征，生态圈就像一个生命体生生不息，并且可以演进出意料之外的新物种。（e25）	生态圈	
OEC作为一种有效的管理模式，其主要内容体现在下面要做的三个表格中：日清栏、3E卡、管理员日清表。（e42）	OEC	
那么到了多元化战略阶段，海尔的产品线从1类扩充到了17类，那么海尔又探索了一种新的管理模式，叫作市场链。（e41）	市场链	
一开始的时候，所有的员工都认为，"原来，我知道应该做什么工作，现在没有（指南）了，我怎么做？"（e54） 什么是职业化？就是在同一时间、同样的条件，做同样的事的成本更低，这就是职业化。（w51）	主动思考	自我探索

续表

资料摘录 （e：海尔；w：华为）	译码（初始、聚焦）	
	概念化	范畴化
在变革过程中，通过多番尝试，总结经验，海尔逐渐建立了新的组织惯例，管理意象。（e9）	自创模式	自我探索
"我们也是边破边立，新建的东西没有立竿见影，大家也会有抱怨，破的过程中有可能出现一些矛盾冲突，但是我们会控制节奏，总体实现企业转型的平稳过渡。"周云杰表示。（e29） 华为没有一个人曾经干过大型的高科技公司，从开发到市场，从生产到财务，从……到……，全都是外行，未涉世事的学生一边摸索一边前进，磕磕碰碰走过来的。（w41）	容忍失败	
海尔的薪酬是与用户价值的对赌酬，需要事先算赢，为用户创造价值的资源投入不是上级分配，而是对赌跟投，风险先担，如果不能为用户创造价值对赌失败，先赔付员工自己跟投的钱。（e37）	创客基金	
海尔想用变革迎接来自互联网的颠覆式挑战。"但当今管理理论界几乎无人有能力预判，这是否为一条正确的求生之路？"曾写过《大败局》的财经专栏作家吴晓波，引用 IBM 原董事长郭士纳回答张瑞敏的话来表达自己的担心。（e21） 基础研究的痛苦是成功了没人理解，甚至被曲解、被误解。（w40）	无榜样可寻	
华为在研究这个问题时，主要研究了推动华为前进的主要动力是什么，怎么使这些动力能长期稳定运行，而又不断自我优化。（w45）	质疑精神	
早在 2015 年，"人单合一"模式已登上哈佛大学课堂。此次"人单合一"走进斯坦福，标志着这一互联网时代的管理模式被美国两所不同背景的顶级经济商学院一致肯定。（e46）	理论界认可	利益相关者认同
美国《财富》杂志将张首席列入"全球 50 位最伟大领袖"榜单，并称张首席"看到了大多数 CEO 看不到的未来"。（e45）	企业认可	
各种及时的售后服务体系发展至今，已形成三级支持系统，200 名优秀技术人员的服务网络，及时服务已成为良好的风气，市场对我们也越来越信任。（w24） "车小微"除了送货安装的传统业务，越来越多地承担起与用户直接交互的功能，逐渐成为感知用户需求的终端"神经末梢"，并直接接受用户评价。（e62）	市场信任	
国家把我们定成全国企业里头很少的几个创业基地，因为不仅是我们自己内部员工，还有外部的员工（在这里创业）。（e53） 上海 160 信息系统、128 自动/人工寻呼系统，能达到今天的水平，得到了上海市邮电管理局、上海市内电话局、国脉股份公司的大力支持与帮助。（w23）	政府支持	

续表

资料摘录 （e：海尔；w：华为）	译码（初始、聚焦）	
	概念化	范畴化
企业管理过程中最具争议的加班、消极怠工等激励问题将不复存在，员工的"主人翁"意识大大增强，企业获得了真正的、内生的发展力量。（e58） 华为人做任何事都十分认真，而且第一次就把它做好，这种风气已广泛为员工接受。（w35）	员工认同	利益相关者认同
现在要把这些规定去掉，因为现在是非线性管理，不是靠你规定他从A地走到E地应该走多少路、怎么走，而是只告诉他一个方向，路他自己去走。（e57） 但在努力者面前，机会总是均等的，只要您努力，您的主管会了解您的。要承受得起做好事反受委屈。没有一定的承受能力，今后如何能做大梁。（w19）	自我调整	命题调整
原来，我们有一个评估机构，大概是一千多人，对所有的员工绩效进行评估。现在，这一千多人的组织取消掉了，完全靠市场来评估。（e55） （华为）最大的敌人就是自己，能否战胜自己，是我们取得胜利的关键。（w42）	否定自我	
这个（钱），公司不拿，送货这个体系哪一个环节造成的问题，哪一个环节就拿这个钱。……组织一下子又把它做得更好，因为谁也不想出这个问题，所以赔货率越来越低。（e56）	战胜自我	
"我目前处于自杀状态，人人都是小微，都是'创客'了，平台主就可以自杀了。"青岛海尔旗下海尔电脑平台主周兆林对财新记者开玩笑说。（e17）	"自杀式"颠覆	持续性探索
经过五年强硬的"削足适履"式的变革，华为逐步建立起国际先进的企业管理体系。（w1）	削足适履	
"这是非常困难的事情，因为一个企业找到自己的用户就并不容易，如果变成每个人都要找到自己的用户，就更加困难。"迄今海尔已坚持进行了九年多时间的探索。（e16）	持续时间长	
公司创业初期，是十分艰难的。工资很低，组织不健全，使有的干部工作十分的繁重。（w2）	困难重重	
海尔的团队做了很多的探索，也始终根据大方向在不断调整、不断校正。（e5） 一开始老是在纠结，有时候在徘徊，有的时候可能是走两步退一步，甚至退两步，也就是一个试错的过程。（e18） 当前，我们就要认真地总结经验、教训，及时地修正，不断地完善我们的管理。（w36）	试错	

续表

| 资料摘录 | 译码（初始、聚焦） | |
（e：海尔；w：华为）	概念化	范畴化
迄今为止，我们内部已经花费了近十年的时间来探索"人单合一双赢模式"，之所以一直不放弃、锲而不舍，是因为我始终坚信它最终一定可以。（e4）	锲而不舍	持续性探索
我们探索"人单合一双赢管理模式"以来，在市场上已初步显现成果。（e10）	成果初现	效益贡献
从品牌角度来看，国际权威调查机构欧睿国际（Euromonitor）连续三年评海尔为"全球白电第一品牌"。（e11）	品牌价值升级	
从利润角度看，过去五年，海尔利润复合增长率达到38%，增幅最低的年份不低于20%，增幅最高的年份达到70%，这就是自主经营体对市场业绩的贡献。（e12）	利润提升	
这些年，我们一直跟国际同行在诸多领域携手合作，通过合作取得共赢、分享成功，实现"和而不同"……华为将建立广泛的利益共同体，长期合作，相互依存，共同发展。（w56）	部分企业适用	
2013年，海尔实现全球营业收入1803亿元，利润总额首次突破百亿大关，达到108亿元，同比增长20%。这已是海尔连续第七年利润增幅保持两倍于收入增幅。（e34）	业绩优良	
"人单合一"是海尔变革管理的新意象。（e6）	提出意象	模型构建
海尔是这样表述的：我们希望让数以万计的员工，从过去与自主创业无关的执行者，哪怕是优秀的执行者，转变为一个个的创业者，哪怕是最小的创业者。要实现这个目标，当然必须是企业旧形态的变革性消失、新平台的创新性出现。（e30）	模式初探	
公司化的海尔，正在成为平台海尔。于是，传统的企业员工，必然成为平台创客。（e31） 华为主张在顾客、员工与合作者之间结成利益共同体。（w48）	概念初构	
海尔认为在互联网时代企业生存和发展的权利不取决于企业本身，而取决于用户。（e7） 建立以客户价值观为导向的宏观工作计划，各部门均以客户满意度为部门工作的度量衡，无论直接的、间接的客户满意度都激励、鞭策着我们改进。（w44）	关系猜想	

资料摘录 （e：海尔；w：华为）	译码（初始、聚焦）	
	概念化	范畴化
实践是您水平提高的基础，它充分地检验了您的不足，只有暴露出来，您才会有进步。（w18） 海尔把传统的"选育用留"式人力资源管理颠覆为"动态合伙人"制度，让员工从被动的雇佣者、执行者变为主动的创业者、动态合伙人。（e63）	回归企业实践	实践再整合
任何一个人要不被时代所淘汰，唯一的办法就是学习、学习、再学习，实践、实践、再实践，只有取长补短，否则你一定会被淘汰。（w17）	实践介入	
这个是我们自己号称有知识产权的课程体系，就是我们从 2012 年开始做，然后三门课：第一课叫海尔财务管理体系变革、第二门是海尔财务共享管理、第三门海尔营运资金管理，差不多 1000 多家企业都到我们这儿来进行学习。（e43）	实践经验推广	
您什么都想会、什么都想做，就意味着什么都不精通，任何一件事对您都是做初工。努力钻进去，兴趣自然在。（w20）	鼓励专一	
他们不断地总结经验，不断地向他人学习，无论何时何地都有自我修正与自我批评，每日三省吾身，从中找到适合他前进的思想、方法……（w34）	提炼比较	概括提炼
这个导向性的氛围就是共同制定并认同的《华为公司基本法》。（w43） 1998 年，哈佛大学把"海尔文化激活休克鱼"写入教学案例，邀请张瑞敏参加案例的研讨，张瑞敏成为第一个登上哈佛讲坛的中国企业家。（e61）	形成学说	
我们已聘请了相当数量的离退休专家参加公司的出版工作、网络规划工作。这会使过去资料提供不充分的现实得以改变。（w25）	智囊引入	
华为从创建就借助了国际公司的管理经验，建立了产权明晰、权责明确、管理科学的企业制度。（w29）	经验分析	
华为是一个集团，我们一切都是围绕商业利益的。因此，我们的文化叫企业文化，而不是其他文化或政治。因此，华为文化的特征就是服务文化，因为只有服务才能换来商业利益。（w38）	文化定位	
面对如何从大规模制造转变成大规模定制的问题，海尔也一直在探索一个能够适应互联网时代竞争的商业模式，即"人单合一"管理模式。（e15）	"人单合一"管理模式	渐次（微）理论
任正非提出了"三化"思想，后来称之为"三化"理论。（w3） 海尔的目标是"三化"，即企业平台化、员工创客化、用户个性化，最关键是员工能不能成为创客。（e23）	"三化"理论	

续表

资料摘录 （e：海尔；w：华为）	译码（初始、聚焦）	
	概念化	范畴化
一个领导者重要的素质是方向、节奏。他的水平就是合适的灰度。一个清晰方向，是在混沌中产生的，是从灰色中脱颖而出，方向是随时间与空间而变的，它常常又会变得不清晰。并不是非白即黑、非此即彼。（w21）	"灰度"理论	渐次（微）理论
2015 年，这个模式已迭代升级为"人单合一 2.0——共创共赢生态圈模式"。"人"从员工升级为攸关各方，"单"从用户价值升级到用户资源，"双赢"升级为共赢，最终目的是实现共创共赢生态圈的多方共赢增值。（e41）	生态圈模式	
华为目前所形成的国际化管理模式，是它根据自身的发展经验、调整总结和自我否定而积累的"自生"经验同西方大型企业的管理经验在经过一番痛苦而激烈的碰撞、磨合后而形成的。（w4）	本企业特色	原生性创新
模式的颠覆同时颠覆了企业、员工和用户三者之间的关系。传统模式下，用户听员工的，员工听企业的；"人单合一"模式下，企业听员工的，员工听用户的。战略转型、组织重构和关系转变带来的是整个商业模式的重建。（e38）	颠覆传统	
随后海尔论证并制定了共创共赢模式的具体实现路径和检验标准——共赢增值表。（e40）	自创术语	
全世界范围内已知的应对互联网时代的模式变革可以分为两类，一类是海尔式的，另一类是非海尔式的。非海尔式的变革有一个中心任务即"重新定义管理"，海尔式的变革与他们都不同，即"重新定义企业"。（e39）	经营模式创新	

资料来源：改编自高艳. 基于我国领先企业实践案例的管理理论建构的逻辑研究［D］. 青岛理工大学硕士论文，2017。

通过初始编码过程，本书完成了对领先企业样本资料的概念化过程。本书剔除了样本资料中与本书研究无关的概念，只留下相关的概念，有利于聚焦译码范畴化的深入展开。通过初始编码，共得到初始概念或译码100个，分别是：

投资驱动平台、用户付薪平台、内部检验、市场评价、员工主动配合、资料提供、内部沟通、专家团队介入、其他企业协作、内部团队成立、学术讨论、大企业病、员工懈怠、信息滞后、问题再明确、层级过多、流通不畅、角色改变、权力下放、生产方式转变、内外部环境变化、资源共享、共创共赢、确认实践重要性、明确实践要求、实践导向、注重实践经验、创业史长、变革事件多、战略多样、过程曲折、外部借鉴、知识搜集、员工访谈、政策指导、企业访谈、实际走访、深入市场、问题意识、总结提炼、反思过去、问题挖掘、问题理论化、管理哲学、管理要素、管理平台、管理网络、初步解释、管理概念、倒三角、企业无边界、生态圈、OEC、市场链、主动思考、自创模式、容忍失败、创客基金、无榜样可寻、质疑精神、理论界认可、企业认可、市场信任、政府支持、员工认同、自我调整、否定自我、战胜自我、"自杀式"颠覆、削足适履、持续时间长、困难重重、试错、锲而不舍、成果初现、品牌价值升级、利润提升、部分企业适用、业绩优良、提出意象、模式初提、概念初构、关系猜想、回归企业实践、实践介入、实践经验推广、鼓励专一、提炼比较、形成学说、智囊引入、经验分析、文化定位、"人单合一"管理模式、"三化"理论、"灰度"理论、生态圈模式、本企业特色、颠覆传统、自创术语、经营模式创新。①

在初始译码基础上需要进行聚焦译码工作。聚焦译码与初始译码相比，指向性更加明确。聚焦译码的实质就是进一步深化初始译码，将初始译码得出的多个概念进一步提炼，得到概括性更强的范畴，从而保证了译码过程能够充分反映现实资料（Glaser，1978）。

但必须指出，聚焦译码并不是一个直线型过程，在概括为范畴的过程中，研究者必须不断地查看原始资料，一方面要弄清初始译码过程中无法表述的问题，另一方面还要探究原本可能被一带而过的问题。在表 4-1 所示的开放译码基础上，本书进行聚焦译码结果如表 4-2 所示：

表 4-2　聚焦译码：范畴化

初始译码	范畴
投资驱动平台、用户付薪平台、内部检验、市场评价、员工主动配合、资料提供	内外部支持

① 高艳. 基于我国领先企业实践案例的管理理论建构的逻辑研究［D］. 青岛理工大学硕士论文，2017：30-45.

初始译码	范畴
内部沟通、专家团队介入、其他企业协作、内部团队成立、学术讨论	交流互动
大企业病、员工懈怠、信息滞后、问题再明确、层级过多、流通不畅	框定问题
角色改变、权力下放、生产方式转变、内外部环境变化、资源共享、共创共赢	环境驱动
确认实践重要性、明确实践要求、实践导向、注重实践经验	聚焦实践
创业史长、变革事件多、战略多样、过程曲折、外部借鉴	实践经验丰富
知识搜集、员工访谈、政策指导、企业访谈、实际走访、深入市场	材料搜寻
问题意识、总结提炼、反思过去、问题挖掘、问题理论化	问题导向
管理哲学、管理要素、管理平台、管理网络、初步解释、管理概念	框架成型
倒三角、企业无边界、生态圈、OEC、市场链	猜想衍化
主动思考、自创模式、容忍失败、创客基金、无榜样可寻、质疑精神	自我探索
理论界认可、企业认可、市场信任、政府支持、员工认同	利益相关者认同
自我调整、否定自我、战胜自我、"自杀式"颠覆、削足适履	命题调整
持续时间长、困难重重、试错、锲而不舍	持续性探索
成果初现、品牌价值升级、利润提升、部分企业适用、业绩优良	效益贡献
提出意象、模式初提、概念初构、关系猜想	模型构建
回归企业实践、实践介入、实践经验推广、鼓励专一	实践再整合
提炼比较、形成学说、智囊引入、经验分析、文化定位	概括提炼
"人单合一"管理模式、"三化"理论、"灰度"理论、生态圈模式	渐次（微）理论
本企业特色、颠覆传统、自创术语、经营模式创新	原生性创新

资料来源：作者自制。

二、案例实践素材的主轴译码

通过开放性译码两个阶段工作，我们已经获得海尔、华为两家企业在自主管理实践的问题与理念探索中非常有价值的 20 个分散性范畴，从这些范畴我们隐约能感受到领先企业在自主实践研究中的心智与行动逻辑要素，比如：框定问题、环境驱动、自我探索、效益贡献、渐次理论、实践再整合等。接下来，需要通过主轴译码方法将这些原本各自独立、分散的范畴按照一定的逻辑重新进行串联和衔接，从而实现对资料的重新组合。

本书借鉴扎根理论方法主轴译码技术的典范模型分析思路，按照"因果关系—现象—脉络—中介条件—行动/互动策略—结果"6 个维度，通过小组 4 位成员不断地循环比对案例资料，初步识别出了范畴之间的逻辑关系，提炼归纳了反映这些逻辑关系的 4 个概括程度和抽象层次更高的新范畴（称为主范畴），即实践感知、命题归纳、检验升级、理论原型。接下来将按照扎根理论主轴译码的方法要领，开展典范模型分析检验 4 个主范畴对前述 20 个独立分散范畴及其原初实践素材的含摄能力与效果。限于篇幅所限我们在此以"实践感知"为例（见表 4-3）展示其中的典范模型分析过程。

表 4-3　基于实践感知的典范模型分析

因果关系	实践经验丰富	现象	聚焦实践
脉络	问题导向	中介条件	环境驱动
行动（互动）策略	材料搜寻	结果	框定问题

资料来源：作者自制。

海尔与华为从最初创业至今，都经历了从创业生存、质量与品牌化、国际化、全球化和互联网转型等发展阶段，应对了国内外不同时期复杂、动荡的竞争与文化环境，形成和积淀了应对各种复杂经营实践问题的流程、方法和模式。这两家企业也是从最初的模仿和经验式管理起步，例如，海尔用"砸冰箱"来砸醒员工的质量管理意识，华为依靠高物质激励的方法突破了通信产品的仿制与产品市场占领，然后逐渐建立较为完备的科学管理制度，进一步创建符合自身特色的经营管理理念与管理方法，并在实践中获得成功。可以说不断积极地面对实践，成功地解决企业发展中的各种瓶颈问题，使这两家企业拥有了建构属于自身的管理知识的组织、心理和经验条件。**（因果条件）**

企业自身每一个管理理念与制度的提出都是源自企业对外部环境、内部挑战和战略成长等问题的整体性认知、诠释和目标设置，都是为解决企业近期和远期面临的实践问题而开出的药方。例如，华为在国内获得高速成长达到可以比肩思科、爱立信等跨国通信巨头的领先地位时，任正非发现虽然企业的技术能力和市场业绩有质的提高，但企业的综合周转速度，也就是运营效率却较之竞争对手差得很远，另外，在拥有《华为基本法》和良好业绩后管理层和员工自满情绪抬头，在此种情势下，任正非带领管理团队考察 IBM、朗讯、惠普等国际企业巨头，发现了自身运营效率低的主要原因。同时，在研发、生产、采购、市场等方面全面推动"削足适履"的集成管理改革。类似的事情同样发生在海尔，在"砸冰箱"和 OEC 的质量管理后，张瑞敏带领海尔开始了品牌化、并购和内部市场化的大力度革新，提出了激活"休克鱼"并购理论与整合管理方法。可以说两家企业都是在成长势头良好的时候率先洞察了企业发展的未来门槛，并在吸收国外同行实践基础上提出了新的管理理念。（现象）

任何企业的经营管理都是在不断遇到问题、遭遇难题、解决问题、克服困难中实现质的飞跃。可以说"问题意识""问题决策""问题管理"是始终贯穿企业发展的脉络。成功的企业不只是被动应对问题，而是主动给自己提问，给自己的员工"制造问题"，培养员工的问题意识、问题预警能力和问题理性分析和解决能力。例如，我们在华为实践素材中看到的任正非对华为员工"问题与危机意识"始终如一的警醒："我们任总非常善于从实践中总结经验，他的名篇《华为的冬天》《华为的红旗到底能打多久》《北国之春》《深淘滩、低作堰》《在理性与平实中存活》等，都作为华为行动和发展的指导方针。尽管这些名篇中所提及的管理思想并不系统，但却具有针对性，是用来解决现实问题的。"另一家案例企业海尔在进行实践探究时，就明确指出是为了回答德鲁克所提的四个问题，即谁是企业的顾客、什么是顾客认可的价值、企业的经营战略是否匹配顾客的价值、从顾客那里获得的价值是什么。（脉络）

海尔、华为和其他企业一样始终必须面对环境的变化来调整和改变企业自身的发展模式，只不过这两家领先企业对于环境的认知和环境的反应更加敏捷、积极。它们从市场与领导的角色改变，组织结构变革，利益相关主体合作方式、资源运作模式等方面做出管理变革，让组织变革与环境变化携手，而非组织固化与环境变化对立。例如，在面临动荡超强竞争环境时，华为认为企业与企业之间的竞争，不是竞争对手之间的竞争，而是生态环境之间的竞争。恐龙为什么灭绝？

熊猫为什么濒危？就是因为无法适应生态环境的变化，企业生态与自然生态一样，都是共生共赢。在这样的管理理念下，华为与三星、爱立信等竞争对手主动进行专利、知识产权和技术标准等方面的合作，共同推动通信行业的科技进步。海尔集团在互联网商业刚刚兴起的时候，就敏锐意识到互联网商业环境对工业企业可能存在的"颠覆式"影响。在 2005 年海尔推动"人单合一"管理模式的变革，建立"官兵互选"的利共体，把组织结构从正三角变为倒三角，到 2013 年则进一步确立小微创客的组织模式和生态圈平台战略。可见高清识别和主动适应环境变化，先人一步做出变革与调整，是领先企业持续成长的不二法则。（**中介条件**）

领先企业应对环境做出先人一步的变革与调整，它们并不是仅靠过去的成功经验和领导者的主观能动性而做出的决策。事实上，它们非常重视商业实践环境问题的研究，到国内外广泛的调研，深度地研究各种有关环境变化、行业发展、市场变化、企业自身状态的资讯，阅读经营管理最新理念与方法的文献，深入实践一线及客户现场的座谈调查和现场观察。通过这些方式方法它们掌握丰富可靠的决策材料和信息，为提炼管理变革的理念与做出新的制度设计打下了扎实的信息情报基础。海尔给人的感觉始终是一种不断出新思想、新做法的公司，张瑞敏每一次演讲都有许多新的能量点，实际上这与他坚持不断地读书，接触新的领域、新的理念、新的方法有关。张瑞敏的读书频率和强度是平均一周两本以上，一年一百多本，读书主要都是为了管理。把它理顺起来，在管理的"道"这个层面：一是中国传统文化——包括儒家和道家；二是国外的管理学思想（张瑞敏，2017）。华为公司高管在重视向书本学习的同时，一向把"以客户为本"作为企业"活下去"的核心法则，而让这项法则生效的不仅来源于公司的管理体系和对员工的激励，而且源自企业让"听见炮声的人决策"和向客户、向外部企业学习，这让公司的经营决策和市场行动具有实践鲜活、信息传递快捷、学习转化快速、行动反应敏捷等特征。（**行动策略**）

基于企业丰富的实践活动和愿景方向指引，通过各种途径获取到更新的第一手实践资料，对实践活动和资料进行仔细研读与探索，领先企业可以不断地将企业内外部的环境变化和矛盾问题进行聚焦，框定全局性和纲领性问题，并通过不断地循证、研讨和碰撞确认全局性问题，构建经营实践问题框架，提炼解决纲领性问题的思路与方向。例如，"大企业病""员工懈怠""组织刚性"往往都是企业规模成长、持续成长容易产生的全局性问题，只不过在不同时代、不同业务领域、不同区域会有不同的表征，但它们给企业带来的巨大风险却是不变的。纵观海尔与华为成为领先企业后的管理变革轨迹，我们能看到它们始终在和这三大全局性问题作斗争。华为的末位淘汰、华为基本法、以奋斗者为本的人才文化、危机意识强化、绩效考核体系；海尔的 OEC 质量管理、内部市场化、赛马理论、利共体经营、小微创客制等，无不是为了破除三大纲领性问题及其所框定各种具体管理问题给企业未来带来的致命伤害。动态解决好这些问题就能够让企业保持活性，保持"活下去、活得好、活得久"的希望。（结果）

通过对主轴译码的典范模型分析，并把主轴译码、初始译码和素材资料做来回地对应分析和验证，我们基本确认了主轴译码的概念范畴和典范模型要素归类（见表4-4）。

表4-4　主轴译码过程分析

模型维度/主轴译码	实践感知	命题归纳	检验升级	理论原型
因果关系	实践经验丰富	框定问题	框架成型	命题调整
现象	聚焦实践	自我探索	交流互动	持续性探索
脉络	问题导向	模型构建、原生性创新	持续性探索	完整解释（微理论）
中介条件	环境驱动	猜想衍化	内外部支持	利益相关者认同
行动（互动）策略	材料搜寻	交流互动	实践再整合	概括提炼
结果	框定问题	框架成型	命题调整	效益贡献

资料来源：作者自制。

三、选择性译码

选择性译码的主要议题是继续分析和集中范畴，对范畴关系进一步厘清和验证，其分析重点为主范畴，需要从主范畴中挖掘出核心范畴，最终用故事线的形式描述资料所反映的现象或事件（李志刚等，2012）。

通过主轴译码的典范模型分析这一过程，初步发现实践感知、命题归纳、检验升级、理论原型这四个主范畴之间，具有内在的逻辑递进关系：实践感知决定了命题归纳，这两者进一步影响检验升级，最终决定着理论原型的形成。通过对案例资料、众多概念、多个范畴尤其是主范畴等相互关系的不断分析、思考、比对，发现可以用"螺旋式实践嵌入"这个核心范畴来统合所有的素材资料（见图4-1）。将这一选择性译码结构与30份实践素材资料初始编码进行比对发现模型中的范畴概念已足够涵盖这些素材，很难再提出这一主题的新的范畴关系，说明选择性译码达到了理论的饱和度。

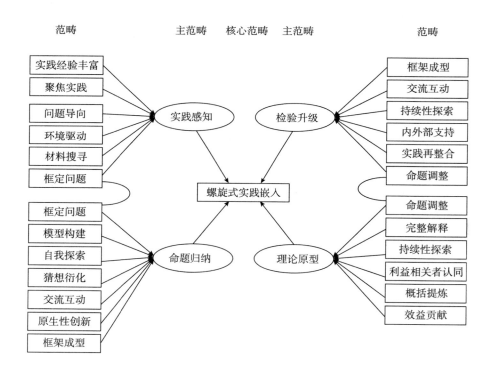

图4-1 选择性译码过程：核心范畴初步提炼

资料来源：作者自制。

该核心范畴表明：企业家及其高管在以企业自身实践为基础，提炼解决企业管理问题或整体性管理体系的管理知识时，会不断重复性地用实践经验来完善知识或理论。起初是聚焦实践，从企业的多年实践中挖掘出具有理论研究价值的问题，框定问题，并进一步在管理团队力量的作用下，将问题初步提炼成命题，进行模型的初步构建，到自己探索性地总结，并对框架进行进一步的完善，再到对所构建的命题再嵌入实践中进行检验，以使命题进一步升级，构成一个"实践—问题—命题—理念/理论—再实践"螺旋性上升的管理实践研究过程。管理实践始终嵌入在整个企业管理知识与理论的建构过程中，任何一个环节都紧紧围绕着它。

第三节 领先企业自主探索管理理论的模型构建与启示

一、模型构建与解析

通过对实践感知、命题归纳、检验升级、理论原型四个主范畴的进一步分析，在厘清这些主范畴之间逻辑关系的基础上，依照扎根理论方法的原因、脉络、行动、条件和结果的方法逻辑，结合两家领先企业实践素材的印证，我们以"螺旋式实践嵌入"为核心范畴的领先企业自主探索的管理研究机理模型如图 4-2 所示。

通过对海尔、华为两家领先企业实践素材的扎根梳理，译码和范畴的迭代，我们提炼出了以"实践感知—命题归纳—检验升级—理论原型"为主范畴结构的"螺旋式实践嵌入"管理实践研究的整体机理模型。在这个机理模型中，四个主范畴在领先企业重大关键问题解决与自主管理理论体系构建中具有不同的角色与价值，它们可以统摄本主题的实践素材。

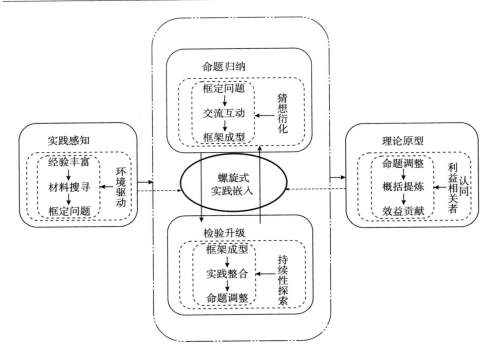

图4-2　企业自主管理实践研究的路径模型

资料来源：作者自制。

（1）实践感知是领先企业自主探索管理理念/理论的原因和条件

领先企业和其他企业一样时刻都在动荡变化的环境条件下从事经营管理，相对于中小企业，领先企业需要处置更为复杂和超强的资源结构、竞争对手、客户结构、经营数据、公司治理、资本运作和人力资源业务。这些实践环境和实践活动的变化影响着各个业务单元的管理者的决策判断，影响公司战略目标的实现。进一步，所有的企业在做目标规划与调整、资源调配、流程管理、职能管理、人力绩效的科学管理时，都必须以对公司实践重大问题的正确感知为条件。领先企业相比于一般企业来说，它们因为成功处理的变革事件多、经历复杂曲折的问题解决过程多、处理多元冲突的经营管理矛盾多、掌握的管理工具与资源条件多，这使它们具有了更丰富的实践经验和认知图式。另外，领先企业相较于一般企业更为重视对重大管理实践问题的整体性思考和理论性求解，它们更重视对问题的理论发掘，重视多棱镜视角下的调研，从自身经验和教训的反思中进行问题聚焦和寻找问题线索。

华为公司长期以来培养员工具有强烈的问题危机意识和自我批判精神，其掌门人任正非一直引导和推动管理层从哲学与哲理的高度思考华为公司的事业问题、重大投资与业务问题、客户价值问题、企业文化问题，他说："我天天思考的是如何面对失败，也没有什么荣誉感、自豪感，而是危机感。"无独有偶，海尔集团首席张瑞敏倡导和执行"客户为是，自以为非"的经营文化，以"没有成功的企业，只有时代的企业"引导海尔全员思考动荡变化环境下海尔的战略、业务和组织的变革问题。两家领先企业通过多渠道的调研与沟通，批判性回溯和理论性的思考，框定企业自身管理实践的重大问题和值得总结提炼的实践性知识。

（2）命题归纳是领先企业自主探索实战型管理思想（理论）与制度方法的核心活动

基于实践问题的感知与成败实践案例的自省，开启了对框定问题的因果和相关关系的探索。领先企业之所以成就领先，其极为重要的诀窍在于：它们不是"头痛医头"地解决管理问题，而是以学习型组织模式系统、理论性地思考框定的重大问题和实践案例蕴含的管理思想及方法论的价值，并借助于外脑（专家团队协作）提高其命题归纳分析的科学性。当然，领先企业主要还是依托自己的战略管理团队、企业大学（研究院）和创新机制等，探索自身管理的规律性命题框架和一揽子问题解决框架。这样归纳形成的知识命题和解决方案，既具有一定的管理科学特征，更具有实战操作性。这种自主探索形成的实践研究成果具有"专属定制"性和快速落地性。

海尔在互联网时代确立的企业转型战略课题，没有任何先例可循，企业以"自杀式颠覆"的勇气和自主创新的信心，敢于进行管理新理念和新模式的猜想与探索，先后提出了创客制、小微组织、共享财务增值、对赌激励、用户交互、平台主等一系列新的管理新概念和命题。华为在确立"奋斗者为本"的知识型员工的资本价值与激励的概念命题探索方面，同样是立足于自我探索，吸收外部智库参与，在企业文化和知识资本价值创新的理念框架上取得了重大突破，华为领导层自主摸索建立了国内最早、最彻底的全员持股激励制度（吴晓波等，2017），探索"不让雷锋吃亏"的人才成长与激励机制。

（3）检验升级是架构命题的实效性和企业自主理论的关键桥梁

在问题解决命题框架和规律性理念框架成型后，接下来最重要的一步就是取得内外部利益相关者的认同和支持，一般先在小的范围内或者新组织部门中进行实践整合与检验，或者将由成功案例与实践经验提炼出的理念框架进行实践推广，看看这一理念框架的延展信度和"外在效度"，在实践检验阶段领先企业实践研究的管理者都必须持完全开放的心态，避免先念预设的定式，引入员工、客户、投资人充分地沟通与讨论，需要不断地试错、容错，敢于否定过去的经验和"自以为是"的先念理论，进而根据实践的成效，调整命题框架的有关概念、理念和管理要素。

华为公司在建立《华为基本法》时，引入中国人民大学的专家作为外部咨询互动团队，在 1996 年即制定出了基本法纲要，但华为公司没有把基本法框架体系仅限定在管理层讨论通过即全面实施，而是将这个基本法发给全体员工和部分外部利益相关者，经过多轮自下而上和自上而下的讨论，全员批判和自我批判，不断地改进调整，十易其稿，历经三年才定型。海尔集团在互联网转型中逐渐确立的小微创客制，这一模式框架并不是从天而降的一个框架模式，而是由海尔在 2010 年左右提出和试验的内部"利益共同体"的团队模式不断地试验、演化、迭代，加入了"组织无领导、企业无边界、供应链无尺度"这一理念要素后，重新打造而成为一个创新的组织模式。

（4）理论原型是领先企业"螺旋式实践嵌入"的自主管理研究的纲领性需求

经过多次实践检验和修订的管理命题框架，证实了其具有解决领先企业重大问题和提升企业在某一方面管理效能的能力，但这并不意味着这一理念框架和问题解决框架就自动具有了"企业经营哲学"或通则性方法的地位，它仍然需要更大范围、更长时间的实践推广，不断进行条件、制度、组织、流程、资源方面的体系建设，争取更大范围的利益相关者的理解和认同，形成更完善的学说，才具有向企业纲领性理论发展的前景。进一步来说，领先企业作为一个不断进行管理变革和自我颠覆的卓越企业，它不会只有 1~2 个自我特色的管理理念框架（管理模式）或完整解释——我们称之为"微理论"，而是会根据环境和战略定位变化不断探索和实践产生越来越多的原生性"微理论"。那么，这时企业需要做的是建立微理论之间的链接，产生一个更高等级的自主性理论或者某个微理论具有整合其他微理论的能力，使其具有科学管理理论的样式（理论原型）或科学管理的方法论样式。

　　海尔集团在从成长到领先，从国际化、全球化到平台化的不断成长中创生了许多的管理新理念或微理论，有一些理念和方法已经被业界和学界所广泛认可和使用，比如"日清日高"工作法、赛马理论、斜坡球体定律等，这些微理论至今仍然能够在海尔的管理中得到应用，但这些微理论或者属于基础管理层次，或者属于业务/职能专属类别，或者在统领企业整体管理时操控性不足。基于此，海尔集团在不断探索形成一个更加成熟、纲领性并具有科学管理理论样式的理论原型框架。从 2005 年开始试验的"人单合一"管理模式经过了十多年的打磨尤其是在生态平台中小微创客的应用，形成了"人、企、客合一""人、单、酬合一"的原理、制度和方法体系，它能够串联和统领海尔此前与当下所创生的许多微理论，并且是海尔作为 2000 亿元级企业近年来仍然保持两位数增长的管理心法。与海尔"人单合一"相媲美的是华为的"灰度管理"论——"开放、妥协、灰度是华为文化的精髓，也是一个领导者的风范"（周锡冰，2018），灰度管理坚持总体的均衡包容发展和具体地向一个城墙口或主航道集中压强的对立统一，它是对华为基本法更为提纲挈领的哲学提炼。这种矛盾统一使灰度管理能够含摄 IPD 管理、客户为本管理、价值管理、压强管理、员工持股管理等管理模式。海尔的"人单合一"和华为的"灰度管理"应该说是两家领先企业的高管与员工，在外部利益相关者的认同与合作中，在不断主动进行管理实践的理论探索中所形成的已经具有实践效益贡献，并具有了外部价值溢出效应的自主创新的理论成果。

二、企业自主探索管理理论与学者管理研究的比较

通过对海尔、华为自主探索解决管理问题和发展自身管理理念/思想的实践素材的扎根研究，我们初步发现领先企业大多数不仅在不断地解决束缚自身发展的经营管理问题，而且试图发展和形成一套认识自身、适应环境、增强能力的自主性企业理论（理念—制度—方法论）。

通过对案例素材扎根研究，可以管中窥豹地认知领先企业的实践者开展经营实践问题与理念方法研究的基本逻辑，即以一种"螺旋式实践嵌入"的机理模式开展本企业特色的实践管理研究。这一机理可以简要归结为：以框定重大实践问题和实践经验的"实践感知"为要因，以提炼问题或经验的知识逻辑和行动模式的"实践理性"为基础，以验证方案和理念之实践效果的"实践检验"为基准，以方案和理念的理论化形成持续效益的"理论知性"为追求和归宿。值得指出的是：高瞻远瞩的领先企业在发展理论、解决问题时，通常是在矛盾平衡中不断螺旋式前进，这正是"检验一流智力的标准，就是在头脑中同时存在两种相反的想法但仍能保持行动能力"（柯林斯，2009）。领先企业基于问题、使命和经验的自主性的实践理论探索，能够使它们提升和确认德鲁克的"我们的事业是什么？我们的事业将是什么？我们的事业应该是什么？"理念。

进一步来说，企业实践者，探索本企业的管理知识与理论的行动研究逻辑，对于学术界推进管理研究特别是实践性管理研究也有许多启示：

（1）深度嵌入实践框定重大问题是学术研究者和管理实践者解读管理现象发现管理"知性"的共同切入点

"管理研究和管理实践，知行合一的根本之所在是'问题'，即企业关心的问题就是管理学者正在研究的问题，而管理学者正在研究的问题是能回答企业疑惑的问题，可把这一类的问题称为'真问题'"（陈春花，2017）。管理思想史上重大的理论发现无不契合了那个时代的企业实践者在彼时的经营管理的"痛点

问题"。领先企业自主探索性的实践管理研究无不是锁定企业当期和长远发展的关键瓶颈，寻求对关键瓶颈的知识理性与实践性。例如，海尔的 OEC 管理提出了合于中国文化情境的质量品控体系，解决了中国改革开放之初企业质量管理的组织性难题。因此，管理学研究要体现其实践属性，体现其理论的生命力就应该"身临其境"，与企业和企业家共同成长，从这一点而言管理确实"没有永恒的理论，只有永恒的追问"。

（2）企业及其实践者和管理学者一样重视问题/知识的观点逻辑，寻求普遍适用性知识

在对海尔、华为实践管理素材的译码和范畴提炼当中，我们看到大量学者熟悉的"研究用语"，如管理哲学、管理要素、问题理论化、管理概念、问题意识、关系猜想、概念初构、实践嵌入等。这至少说明那些追求优秀的企业对管理问题的思考和企业经验的体系化，绝不只是经验主义和结果主义，而是重视问题/知识的逻辑"自洽性"，重视使用结构化的概念与命题来展示观点，提出方案，提炼理念体系。进一步地，领先企业并不只是满足于通过"检验升级"来完成对企业自身问题和成功经验的再复制再检验，而是寻求合乎企业跨越时空、应对广泛不确定性的普遍共性的海尔"企业理论"、华为"企业理论"、"企业理论"。这些都与管理学者有较多的相通性，有利于增强双方协同合作的意愿和信任水平。值得称道的是海尔与华为在发展中一直十分重视管理学者、知名咨询机构的外脑智库的信任合作，这也是两家企业长期保持管理理念与管理工作的生命力、协同力的关键所在。

（3）实践者与学者在管理研究切入点、过程和动机成效等方面存在显著差异

近年来，有关管理研究与实践的脱节现象讨论已经非常深入，相关文献不再赘述。但从对企业自主探索自身管理问题与理念体系的研究的扎根分析来看，实践者与学者在管理研究上确实存在显著的差异。比如，在研究切入点方面，双方都强调"问题意识、问题导向"，但实践者强调的是企业的现实短板问题，而学者强调的是科学空白问题；在研究过程上实践者不以问题和理念的原因逻辑和学理严谨为着眼点，而是把问题和理念的行动逻辑和行为实效作为重点；从动机成

效上看，实践者的实践研究主要受经济收益动机驱动，追求研究成果带来的组织效率、盈利能力和竞争力的提升，而学者的实践研究主要受声望与兴趣动机的驱动，追求成果带来的学术价值、学术影响力。这些差异是学术和实践场域结构的异质性对两个群体的形塑与规训的使然，也可能是两种不同场域环境下实践性管理研究的方法逻辑的不同的来源。

第五章 嵌入领先实践开发理论的 4P 方法论框架：实践的 理论化路径之二

第一节 管理实践与研究的知识互动建构①

《管理研究与实践的互动关系研究：基于场域与效能的探索》一书中指出，研究者与实践者对企业知识的认知和目的存在场域结构差异。研究者从揭示真理性和本质性出发，并以确立自己的知识权威、文化资本为目的，而实践者从获得知识的效用性、操控性出发，追逐知识的经济效益性与竞争价值。由此，我们看到前文实践者发展"管理理论"时有明确的功利性和个案解读性特征，而研究者必须超出功利性和个案局限，而追求科学普适性。但不管怎样，研究者对企业实践特别是领先企业实践研究，应从企业实践者的"自主管理研究"的做法中吸收有价值的经验。

研究者要吸收实践者从现实问题场景中建构问题的知识逻辑与实践运行逻辑

---

① 第五章有关 4P 方法论相关内容来自乐国林，陈春花，毛淑珍，曾昊. 基于中国本土领先企业管理实践研究的 4P 方法论探索 [J]. 管理学报，2016，13（12）：1766-1774.

的心智模式。而要掌握这种逻辑首先要解决好研究者的知识与管理实践的关系。

根据社会建构论的科学立场，管理实践研究中的知识与实践一样都具有普遍的社会属性，它们都是人们在商业社会的活动和行动中被建构起来的共同性的系统认知。它必然受到不同时代、不同地域和文化情境的影响，因而，它不可能是完全"中立"的、"价值无涉"的，所有的知识都只是人们在某一阶段的"认识的成果"，它需要得到不断地检验，在将来得到不断的发展与更新，因此它也不可能是完全"确定的"。这提示我们：研究者在深入管理实践研究中，首先要解决好如何在实践中善待这些"先入为主"、具有"确定性"外观的体系化管理学理论知识这一问题。这既是一个心态问题，也是一个方法论问题。从心态上而言，研究者应在系统知识的自信和实践经验不足之间找到一个平衡，否则，将容易产生实践理想与现实无奈、实践效应期待与现实效果落差的对接问题，最终对管理实践插不上嘴、说不上话。从方法论上来说，研究者在面对管理实践现象与问题时，要深刻理解德鲁克"管理不在于知而在于行"的理念，让既有知识在实践中被重新建构。研究者应勇敢而果决地"扬弃"和"悬置"自己所具有的系统、丰富和"确定感"的管理理论知识，尤其是各种命题预设，避免先入为主的主观影响，通过沉浸在实践的情境中，让习得的理论知识与变动的管理实践发生碰撞、抽离、结合、重组，从而孕育出管理实践创新和管理理论创新之可能。

作为研究者，我们业已了解和熟知国外许多有关领先和优秀企业的研究或案例，比如，《追求卓越》《基业长青》《日本管理的艺术》《看得见的手——美国企业的管理革命》等，了解和熟知众多学者及著作有关组织、领导、企业成长、团队管理、企业文化、激励等方面的知识和理论。但当我们以"解惑"和"答疑"的专业人士角色，面对企业实践现实尤其是其现实问题和"特色"做法时，我们发现：许多所掌握的管理知识和国外领先企业的经验，无法接入中国企业尤其是"先锋企业"的实践。例如，很多管理不规范的企业或缺乏战略规划的企业，本应受到市场冷落而销声匿迹，但现实却是它们保持快速成长，保持了活力①。这

---

① 陈春花，赵曙明，赵海然. 领先之道［M］. 北京：机械工业出版社，2014：14-15.

时，放下系统的管理知识"包袱"，跟随企业和企业家成长，从企业的经营管理实践中"拜师学艺"，让大脑中的管理知识体系，尤其是各种既有的命题或模式主张，接受实践的洗礼和检验，在实践中重新进行知识建构，就是课题组在中国领先企业实践研究中所形成的方法论共识之一。

就从实践中产生知识而言，社会建构论的代表伯格和卢克曼（2009）主张将知识与社会行动放置在一个对称性的互动结构中来理解，认为两者是相互包含和相互转化的互动建构关系。对于管理研究者而言，将自身所掌握的管理专业知识嵌入实践中进行转化和验证，只是研究者嵌入实践中"自发"产生的一种科学实践与行动过程。而对于研究者具有更重要价值的，则是如何在管理实践中发现新知或进行知识重建，即让有价值的实践转化为有价值的知识。也就是在实践研究中管理研究者其次要考虑的，解决好"实践出真知"的方法论问题。

"实践出真知"是投入于发现和解决中国企业的实践成效，通过与实践的积极互动，在中国管理实践的场景中建构体现现实而又高于现实的管理知识，达到研究"求真"，实践"求善"。这应是中国本土管理实践研究的"实践求知"的科学精神与态度。从社会建构论视野来看，社会科学知识的生产是一个主体与客体在社会实践中积极建构的过程。知识不应是现实生活的"冷漠概括"而应是知识发现者与知识行动者（实践者）的"集体劳动和表现"①。这正如后现代思想学者 Gergen 所言："我们用于理解世界和我们自身的那些术语和形式都是一些人为的社会加工品，是根植于历史的和文化的人际交往的产物。"② 为了发现本土管理的实践本质，构建管理的中国理论，我们应当深入地转向实践观察和推崇多视角的实践性研究体系，而不是纯粹的理论研究和分析框架③。在中国领先企业实践研究中我们所坚持的研究理念便是：管理研究者亦应当是"管理行动者"，企业管理者亦应当是"实践研究者"，他们共同面对真实的竞争对决、管

①　[英] 约翰·齐曼. 真科学 [M]. 曾国屏等译. 上海：上海科技教育出版社，2002：388.

②　Gergen K J. Realities and Relationships: Soundings in Social Construction [M]. Cambridge, MA, Harvard University Press, 1994：49.

③　陈春花. 中国企业管理实践研究的内涵认知 [J]. 管理学报，2011，8（1）：1-5.

理诘难、运营棋局和经营两难。在知识与经验、旁观者与入局者、主体思维与客体思维、保守与冒险等碰撞中，在主观推演与客观效果、目标预期与绩效现实的对撞中，我们发现了中国领先企业常使用的一些经营管理因素和它们之间可能隐含的逻辑关系，这更加增强了我们建构中国领先企业成长模型的信心和意念。

第二节　管理研究的 4P 方法论构架

在管理研究者理解专业知识与管理实践互动建构关系后，对所有感兴趣从工商管理实践中发展本土管理知识的研究者而言，最关心的是：应怎样从领先企业实践入手来探索建构管理实践研究的知识，管理实践研究的方法逻辑是怎样的？这是科学展开本土管理实践研究必须回答的基础问题。参考许多学者有关直面管理实践研究路径的成果，结合我们以《领先之道》为基础的中国本土企业实践案例研究经验与体会，本书提出，中国本土管理实践研究应当通过以实践为起点和依归的 4P 研究方法论来发现和构建本土管理的理论知识（见图 5-1）。以下从六个方面分析这一框架的机理和实践：

一、本土管理实践研究适宜把"实践感知"作为研究的切入点

本土管理实践研究是以问题导向入手为好，还是以文献（空白点）入手为好，又或是以实践感知为好，这或许不能做出简单的判断。不过，实践方法论大师布迪厄指出，实践科学最可怕的障碍即是"学者与学科之间的连带关系使学者习惯于（科学）常识，宣扬……（其）获得的知识的优越性"[①]。在管理实践研究中，接受规范学术训练并长期处于学术场域结构中的研究者，在直面实践的研究领域容易带入"先入为主"的研究定见和预设，从而影响研究者从实践事实中

---

① ［法］皮埃尔·布迪厄. 实践感［M］. 蒋梓骅译. 北京：译林出版社，2012：42-43.

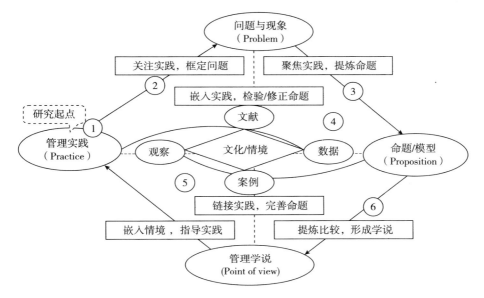

图 5-1　本土管理实践研究 4P 方法论框架

发现和归纳研究问题或管理知识。由此看来，从事本土管理实践研究的研究者更适宜从"实践感知"（Practice Perception）入手，避免带入任何研究预设和理论定见，并贯彻扎根精神，扎根于管理实践，在管理实践中观察并重新学习，更加有利于推进实践管理研究。研究者也曾试图用其掌握的经济管理理论来理解和帮助成长中的中国企业，然而，中国企业实践者的独特做法和问题性企业的持续快速成长，让我们感知到"中国企业在现实的成长中能教给我们新的成功的管理模型"①，于是我们决定"放下"我们的专业知识，锁定那些先锋企业，深入其实践，探寻中国领先企业的成功之道。

二、要从领先企业实践中发现和框定有重大价值的研究问题

研究者扎根于管理实践不能停留在对管理实践的学习状态和对经营管理业务实操的兴趣当中，对"重大实践问题的认识"是管理实践研究最为关键的一步，也是管理者"实践感知"的根本目的。从管理思想发展历史来看，那些从管理

---

① 陈春花. 中国本土领先企业成功模型［J］. 管理学报，2008，5（3）：330-335.

实践中产生的重要理论，如泰勒的科学管理、法约尔的职能管理、德鲁克的目标管理、帕斯卡尔的企业文化 7'S 模型等，无不是始自于对彼时重大实践问题的认识并提出理论思考和解决方案的。因此，在管理实践的事实与现象感知中，"框定问题"（Problem Frame）应当置于优先地位，真正的管理知识一定会源于实践中关键问题的把握和系统的实践经验的研究。框定问题实际上是我们通过一定时间和范围的管理实践观察、体验、学习和访谈等，从中发现乃至确定具有重要理论意义和实践价值的管理问题和论题。只要深植实践，研究者一定会在"被（管理者）提问"和"问题意识"氛围中发现大量的管理问题——生产业务问题、竞争策略问题、并购问题、渠道问题、投融资问题、沟通问题、例外管理问题、领导风格问题、产品开发问题、经营规划问题、供应链问题……此时，研究者需要发挥其学术训练的能力和优势，框定那些具有学术和实践价值的问题范畴，为后续的研究做好铺垫。为了探索与创建"管理的中国理论"，在本土企业管理实践中尤其重视"框定问题"的重大价值性，这个重大价值性可从是否为影响中国多数核心竞争力突破的重大实践问题/论题（实践稀缺）、现有的管理理论是否不能有效地解释并促进该问题的解决（理论乏力）、该问题的理论探索借助中国情境和文化因素是否能提供更有"创见性"的理念与方案（本土特性）、该问题的研究能否为"管理的中国理论"提供范本或理论支点（学科价值）[①] 角度出发。一项研究或研究论题能够体现这几个问题，其理论创新、实践创新和中国本土特征都必将显现[②]。

在对中国领先企业的鲜活实践的"扎根观察"中，我们遇到了上述许多让自己感兴趣的具体问题，有时甚至"迷失"在企业应对一个问题的精妙策划与行动效果中。但当我们把视线重新聚集到"中国企业（先锋）成长可否按照西方模式"，聚焦到"中国（先锋）企业群体"、中国企业以后发劣势同国外成熟

① Cheng B S, Wang A C. The Road More Popular versus the Road Less Traveled: An "Insider's' Perspective of Advancing Chinese Management Research [J]. Management and Organization Review, 2009, 5 (1): 91-105.

② 陈春花. 中国企业管理实践研究的内涵认知 [J]. 管理学报, 2011, 8 (1): 1-5.

企业勇敢竞争时，我们发现中国的制度环境、中西同台的竞争环境、中国企业家的思考逻辑、中国企业后发成长的手段与方法，与许多西方定义或概括的企业成长理论和管理逻辑有其"不同内容"，这在中国领先企业的经营管理中有共同群体特征。因此，我们把问题范畴框定在："中国先锋企业依靠什么保持增长？中国企业的管理实践难道没有属于'中国'的部分吗？完全西方式的管理理论的模仿有多大价值？"① 我们认为这些问题对中国企业的后续实践、中国本土管理的洞见具有重大意义。

三、从聚焦实践和框定问题转向主题与命题的提炼

在实践中框定问题，实际上是确定了管理实践研究的大方向，多数情况下我们框定的问题可能不止一个，并且这些问题之间是否有逻辑关系，有怎样的逻辑关系？框定的问题在现有文献中是否有阐述，是怎样阐述的，可以探究的空白点在哪儿？框定的问题中蕴含的管理概念有哪些，需要怎样的界定？框定的问题在后续研究中是否需要和"管理实务"对接，怎样对接？这些都是摆在研究者面前必须认真思考和筹划的"思维问题框"。这些思维问题框的核心，其实就是"聚焦实践，提炼命题"，即通过问题和实践的来回聚焦，找到一个研究主线或逻辑框架，它能够串起主要实践问题、实践现象和研究概念，让管理实践研究有一个较为明晰的"问题主题定向和问题层次定向"，并将问题提炼成概念或变量之间的某种逻辑关系，即形成模糊性的命题假定或模型（这与实证研究要求提出严谨和理论推理充实的假设是不同的）。因此，将框定的问题提炼成为命题/模型（Proposition），即研究者发挥学术想象力对框定的问题进行"猜想性"回答，这是十分必要和有益的。科学发展史表明，科学猜想是科学活动尤其是创新中必备的一种方法论②。

那么，管理实践研究如何让猜想变得更加科学、更加有价值呢？我们主张采用沙漏式方法进行"开放式"聚焦，即：通过从多领域管理实践现象和案例的

---

① 陈春花，赵曙明，赵海然. 领先之道［M］. 北京：机械工业出版社，2014：14-15.
② 解保军. 科学猜想——一种有效的思维方法［J］. 中国青年政治学院学报，1993（2）：22-25.

关注转向"框定问题"的实践事实的聚焦；通过对实践事实的聚焦进一步锁定研究的问题和主要的概念范畴；通过将"框定问题"的文献与实践事实的链接，逐步形成可观测、可验证和结构化的命题或模型。需要说明的是，对接实践事实、框定问题、提炼命题，必须考虑两点：一是始终用（科学和现实）价值性准则来牵引事实—问题—命题的选定；二是聚焦命题/论题必须有研究的目标任务导向，不应只是含糊地表达成一个命题，而是能将命题分解成相互有逻辑关系的子命题，便于形成研究的具体目标和具体任务。

当然，所形成命题或模型不应强行根据理论和过去的经验去"固定"变量关系，做强制性配对和比较，而是要保持变量置换、关系结构的弹性和包容，便于通过实践观察和资料挖掘，让"真实"的命题"自然"涌现。换句话说，命题假定或模型，更强调它们是管理实践研究的一个抓手和手段，而未必是甚至不是研究要达到的根本目标（这一点和实证研究是不同的）。即使证实了，也只是说明它加快了我们提出管理学说，回应管理实践的进度或速度。

由于笔者已经参与了多个企业管理咨询项目，经常有机会到企业走访调研，同时对于国内外优秀企业的研究与案例保持了长期的关注，因而，在框定问题之后，我们已经大体有了一个中国企业是通过哪些因素"导入"企业组织中，而后产生了哪些"导出"因素，这些因素最终促成了中国企业的快速成长并领先，并且这里导入和导出因素，我们在脑海中有了许多选项，比如，企业文化、渠道驱动、核心竞争力、愿景、管理制度、利益共同体……只是，我们不能确认这些因素是否可以放入这个模式，还有没有其他因素，哪些是导入因素哪些是导出因素，因素之间存在怎样的"实践逻辑"。这些需要嵌入实践，去检验和修正。

四、嵌入实践，检验/修正命题

对于已经确立的命题或模型，我们不能期待通过问卷调查、经营数据的数量模型代入、案例的分析，其中任何一种方法来证实或证伪命题假定或模型，而应嵌入实践，根据研究进程尤其是实践情境灵活采用相应的研究方法或手段。根据我们对领先企业的研究经验和体会，这个阶段研究者应当在两种角色交替变换中嵌入实践，来获取研究数据和研究灵感：一是做实践的旁观者；二是做实践的介入者/参与者。

作为实践的旁观者，一方面，我们如同通常研究者所使用的方法工具一样，利用纸媒、访谈、先锋企业内部资料获取了大量的研究资料。当然，与通常研究者有所不同的是，我们在选定的部分样本公司中，跟踪"观察"和记录了公司内部的重要会议和现场管理等鲜活的管理实践。在第一个领先企业研究周期（1995~2003 年）中我们收集到 5 家先锋企业的 3000 多篇文章、20 多部著作，分别采访了 23 位与这 5 家企业有关的重要人物，同时还使用了 3 份涉及 300 多个中国企业的问卷调查。[①]

另一方面，由于笔者的专业学术身份和企业家的热情与信任，我们参与了许多企业实践面临的问题的"解惑答疑"，与这些企业的决策者和管理者深度互动，共同参与谋划改进企业的组织问题、产品结构问题、人才管理问题、企业文化问题，等等。这种作为介入者/参与者角色与实践主体互动的过程，让我们更深刻地感知到企业持续成长要素之间"理论（推理）逻辑"与"实践逻辑"之间的联系与差别，感知管理实践者"化繁为简、快速反应、随机应变"的实践问题解决能力。

正是在多次的"实践旁观"和"实践介入"，我们逐步确定了领先企业成长领先的 4 个导入因素，即英雄领袖、中国理念西方标准、渠道驱动、利益共同体，以及 4 个导出因素，即远景使命、企业文化、核心竞争力、快速反应，进而通过以 5 家领先企业为基础的大量的国内领先企业的案例分析和比较研究，确认了它们之间的内在关系（见图 5-2）。

需要指出的是，"嵌入实践，检验/修正命题"存在两个主要的难题："如何嵌入、如何走出"，这一点在中国的人际情境、市场情境中变得更加突出。根据笔者所在团队的经历，在一家企业家精神浓厚的公司起步成长阶段，能长期关注并介入该公司，与公司一同成长，不仅可以对企业不同生命周期问题、机会和突

---

①　陈春花 . 中国本土领先企业成功模型［J］. 管理学报，2008，5（3）：330-335.

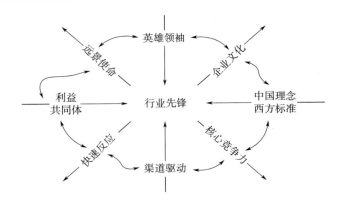

图 5-2 中国领先企业成长因素模型

资料来源：陈春花，赵曙明，赵海然．领先之道［M］．北京：中信出版社，2004：4-6.

破有深刻理解，而且可以和公司管理团队建立深度信任关系，获得管理团队决策的心智模式与场景，这些都是"检验/修正命题"的绝佳素材。彭剑锋、吴春波等对华为公司的长期观察与顾问所取得的公认成果就是这一观点的有力佐证。在"如何走出"方面，前文也述及研究者作为顾问应当竭力对企业现实工作问题贡献智慧，但要避免堕入对业务问题的无尽兴趣中，时刻铭记自身角色，将企业的问题、决策轨迹、干法、成效不断地与命题对接关联，验证或修正命题，直到这个命题的"纲领"被确证。

五、研究模型需要"链接实践，完善命题"

许多管理研究课题在取得研究结果或结论之后，要么直接"收工"，要么有一个简要的讨论分析基本就结束，缺乏更加深入的分析研究。依据社会建构理论，知识是社会性相互作用的结果，它需要在不断的社会互动去共享、扩散和重新建构①。所以，我们认为管理实践研究在取得这些成果后，仍然不应过度兴奋，因为：其一，许多实践研究的模型或命题主要还是基于有限的实践场景、实践经验、实践案例中获得的，还需要经过一段时间的继续检验和修正，才能获得

---

① 乐国林．文化资本与企业成长关系研究［M］．北京：经济科学出版社，2010：27-28.

其解释的效度和稳定的信度；其二，更为重要的是，一个好的理论不仅应揭示事物的本质，还应具有实用价值。实践研究中所验证的这些命题或模型是否真的能指导实践，这仍然需要我们链接实践，通过回归到企业的实践中发现和改进其实践"效益贡献"。自 2000 年起我们所提炼构建的中国领先企业成长成功模型先后在美的集团、珠江啤酒集团、联邦集团、新希望六和集团等 30 多家不同行业和类型的企业进行了"实践链接"，这些企业的飞速成长在某种程度上进一步验证了这一模型，并丰富了模型的内涵解释①。

六、管理理论学说的自然浮现

重大问题研究的不断深化和扩展并重复上述研究程序，即"持续提炼比较"，那么管理理论学说则得以自然地浮现。理论学说应是由多个概念和变量之间的一组关系所构成的内在逻辑，其中的关系和内在逻辑应是得到验证的。一般而言，研究的问题及所形成的命题，被验证尤其是被多次验证后，它就成为一种原则和原理。不过，一项研究取得的成果，尤其是单一命题研究所取得的成果一般尚不足以成为一种理论学说。除一项研究自身对现象的解释不足外②。一种理论学说形成往往需要：其一，对不同的变量关系分别开展研究获得证实或证伪，并对多种关系（即多个命题）的内在逻辑做到严谨的论证；其二，将该学说核心论点与竞争性学说论点进行比较，"如果每个新理论具有比它前者超量的经验内容……这种超量的经验内容也被确证"③。则这一理论学说具有了学术生命力，它至少具有自己的研究纲领和保护带。

我们在对中国领先企业的长期研究后，虽然形成了"领先之道"模型，但其内在的变量之间的关系还需要做精细研究和推敲，另外，领先之道的"中国"特征有所描述，如"中国理念，西方标准"，但中国理念主要是哪些理念，理念

①　陈春花. 中国本土领先企业成功模型［J］. 管理学报，2008，5（3）：330-335.
②　解保军. 科学猜想——一种有效的思维方法［J］. 中国青年政治学院学报，1993（2）：22-25.
③　［英］拉卡托斯，马斯格雷夫. 批判与知识的增长［M］. 周寄中译. 北京：华夏出版社，1987：172.

背后的逻辑是什么，之前并没有专注性研究。后来在 2009~2013 年我们专门对中国领先企业的本土管理思想做了研究，初步形成了基于"和""变""用"的管理实践价值链的领先企业本土管理思想论述。当然，到今天为止我们也不敢说中国企业的领先之道可以称为中国企业成长领先的理论学说，但我们确实在改革开放多年来中国企业尤其是先锋企业创业、成长和领先的实践中，找到了一些与国外领先企业实践不同的成长要素组合与领先逻辑，也在不断探索领先背后的中国情境形塑和文化传统的力量。

像社会科学的理论学说一样，基于管理实践研究所建构的管理学说，需要再入实践，指导工商管理实践，不断接受动态复杂的管理实践的检验和挑战，面对新的问题重新开启管理实践研究的 4P 方法论循环。

第三节　4P 方法论与我国领先企业的"和""变" "用"管理思想提炼案例

管理研究 4P 方法论是本土领先企业管理思想研究团队在对华为、阿里巴巴、TCL、南方报业、新希望、海尔等我国领先企业跟踪研究中，不断总结提炼形成，并尝试借助这一方法论对我国领先企业的管理实践、管理经验进行总结提炼，形成中国本土管理思想或理论，相关成果已经以《中国领先本土管理思想》专著形式出版，以下我们结合成果简述 4P 方法论对"和""变""用"管理思想提炼的指导作用。

一、领先企业的实践与本土管理思想的存在性

改革开放以来，经历世界与中国多次政经环境、产业周期和市场变化的考验，中国本土企业持续学习、改变、竞争中由小到大、由弱到强地成长壮大，兴起了诸如华为、海尔、联想、宝钢、中远、万向、新希望、东方希望、振华重

工、大庆油田、青岛港、五粮液、招商银行、神华、云南白药等一批极具竞争力的企业。我们可以清晰地看到，中国本土企业在世界商业中的位置，从籍籍无名，到现在能在世界 500 强中占据越来越大的比例，并且排名靠前的越来越多；中国本土企业从曾经被国外企业的兼并收购，或作为国外跨国企业的"生产车间"（贴牌加工），到现在群体走出国门，到海外投资设厂；中国本土企业已经在许多行业形成对国外同行在国内的整体优势，甚至在全球范围内深刻影响着行业的市场竞争，由中国制造到中国创造。

本土企业在发展壮大中，不仅在不断探索和创新技术，在市场上搏击，而且在不断学习、探索和创新商业模式、管理理念及管理手段和技术，例如，华为在任正非的带领下，从创业初期的狼文化转变为灰度管理，在不同的历史时期，总结出来不同的管理理论，但是都适应了时代的要求和发展；TCL 在李东生的领导下，逐渐变革，遇到困难时"壮士断腕"，在国际化的路程中，用"鹰文化"，鹰的坚韧，搏击长空，老而弥坚的品质指导员工的行为方式；宏碁的施正荣先生提出了"微笑曲线"的概念，将产业链和利润率的关系做了一个美妙的搭配；等等。由此，我们发现这些成长领先的本土企业都十分重视文化传统和传统典籍对企业管理理念、文化和方法的指导，结合企业的经营管理现实和西方的管理制度方法，形成具有本土特征的管理思想与方法。这些管理理念与手段方法背后是否存在相同的本土管理思想元素，企业和企业家使用这些共同的管理元素结合企业、行业特征形成各种的管理理念、制度、方法。这是研究团队对领先企业管理实践关注的问题。

二、聚焦领先企业本土管理思想提炼本土管理思想命题

领先企业的产生及其对管理实践的持续影响力，激发了管理的研究者和传播者（主要是管理咨询服务机构）探索、发现和传播中国本土领先企业的"本土管理元素"、中国式管理理念与方法、华人文化特征的经营和管理模式，使商界和学界更加坚信基于中国本土情境中所提出的管理理论和管理思想，能够成为具有文化适应性的理论（梁觉和李福荔，2010）。许多研究者试图从中国的人文精

神、文化传统和管理实践的结合中，探索中国领先或一流企业创造领先、持续成长、基业长青的"领先之道"，例如，陈春花等（2016）、蓝海林（2008）、中国管理模式杰出奖理事会（2018、2019、2021）等。

然而，在提炼中国本土文化因子来探索或验证中国领先企业的成长轨迹或本土管理思想方面，当前的研究仍处于广泛探索阶段。而本书试图从构建中国本土管理的文化因子角度，探究中国领先企业持续成长并形成竞争优势本土管理元素。作为探索性研究，我们前期通过追踪观察几家在国内行业中保持领先的企业，如联想集团、华为公司、TCL集团、阿里巴巴、美的集团、娃哈哈集团、新希望集团、南方报业集团等，并取得了相关研究成果①，通过追踪调研从这些企业的管理实践中，得到了领先企业嵌入中国本土文化的管理痕迹。那么，研究团队根据前期的追踪研究和中国管理文化，提炼出"和""变""用"三个本土管理元素，通过以华为公司为典型案例的领先企业案例研究，论证领先企业的经营管理中"和""变""用"管理思想可及性、实践性、实效性。前期案例研究提炼概括的"和""变""用"管理思想内涵包括以下内容：其一，"和"管理指的是在经营和管理中最可能地聚合容纳异质性管理要素，并使其协调链接和谐一体，实现互利共享性目标；其二，"变"管理指的是经营者和管理者自省图强，参变时机，顺势改变经营管理的要素结构使其适合萌之而未发，发之而可见的复杂竞争环境，或使其能够挑战乃至达到更高目标；其三，"用"管理指的是能有效预期对企业经营管理状况产生良好价值，符合企业运行情境并明显改变了企业的经营业绩，也就是预期"有"用，过程"作"用，结果"管"用。

此外，研究者探索了"和""变""用"管理思想元素的逻辑关系，"和""变""用"管理思想必须嵌入企业价值链的活动，成为企业价值创造和循环的灵魂，并能在企业的实践活动中被行动者识别和自觉运用，才能推动或者改变企

---

① 课题组成员曾经完成或发表的相关成果包括《领先之道》（2004）、《高成长企业的组织与文化创新》（2005）、《中国管理的10大解析》（2006）、《两部企业宪法蕴含的中国本土管理元素探析——基于鞍钢宪法和华为基本法的研究》（2011）、《南方报业的战略"核变"》（2012）、《阿里巴巴：用价值观领导"非正式经济事业"》（2013）、《经营的本质》（2013），等等。

业成长的运行轨迹（见图5-3）。就企业的基本增值活动价值链而言，"和"的经营应当把握"常势"，善造"变势"，以自增强的核心能力和界面友好的商业模式，凝聚和容纳企业内外环境的利益相关者，以客户和市场为导向凝固原料、研发、商业设计、生产和营销的经营团组，锻造一条企业适用、利益主体"受用"的"无边界组织"形态的共赢价值链。就企业的辅助（功能）增值价值链而言，舍利为常与顺利聚合的"和"领导，"长善救人"、化异求同的团队组织，和随"俗"而变、效率优先的职能管理，以及自动自发、日清日高的全员执行，塑造了一条"和以有力，变以有能，能尽其用，用必以成"的功能增值价值链。

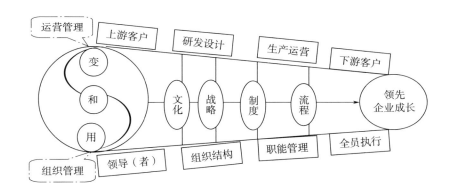

图5-3　领先企业"和""变""用"管理实践的价值链逻辑

"和""变""用"嵌入的二维价值链，要沿着上述逻辑链发生作用，还必须有一套能够映射、粘连和耦合二维价值链的"文化（或精神）行动机制"，它不但能够使企业的"管理基因"落地生根，而且能够使整个企业组织的内外机体协同发展。"和""变""用"的文化行动机制是由文化—战略—制度—流程—操作等组成的内隐的管理能量"传送带"。这一机制可以简要描述为：非"常变"的"和"文化，牵引"知常迎变"格局大用的企业战略，此二者决定并依循"执当可用、稳健可靠"制度，并最终落定在实战实用、相对稳定、应时而变的流程和操作上。需要说明的是，企业中的不少经营管理流程其本身具有很强的规则性和标准性，如发货流程、质量控制流程、信息管理流程等，因而具有了企业制度的机制特性。文化行动机制作为企业经营管理的一种中枢系统，它首先驱动了以"领导（者）"为主导的组织功能价值链，依据"和""变""用"的组织文化与战略，围绕运营价值链和运营目标，设定、协调、整合、激活、改变企业的组织结构和职能管理，以及制度和流程。

三、"和""变""用"管理思想命题与领先企业案例验证

上述本土管理思想元素及其价值链逻辑是否存在与企业实践契合度如何，还需要更多的本土领先企业管理实践来验证。研究团队参与了多项领先企业的管理调研和咨询项目，考察了华为、阿里巴巴、TCL、南方报业等不同行业领先企业的经营管理实践，验证了"和""变""用"管理思想元素的存在，而在管理思想元素的价值链关系上虽有共同性但更多地体现了"和而不同"的做法。我们选取验证和变用管理思想及方法论逻辑。

1. 以灰度之"和"为中心的自组织管理

自组织是现实世界中无论自然界还是社会领域都普遍存在的现象，描述的是系统不需要通过外界的指令就能自行组织、自行创生、自行演化的过程。最直观的表述就是，自组织能够自主地从无序状态演化到有序状态。自组织系统是开放性的，在外部物质、能量、信息的非特定输入/输出的条件下，内部的子系统间产生协同竞争的相互作用。华为的成长发展，保持可持续的竞争优势，与华为创造并自主运转的自组织管理密不可分。

回顾华为公司的发展历程，可以看到"灰度之'和'"（简称"灰度和管理"）是贯穿其创业、发展和国际化的经营的精神基因和管理哲学。"灰度和"管理主张在企业经营管理中对各种经营管理要素、资源、环境和活动不能做"非黑即白""又黑又白"的简化处理，而应当从合于产业（竞争）大势、合于企业愿景、合于多元利益诉求出发做出动态平衡、可执行高绩效和富于弹性的经营决策和管理运作（见图5-4）。

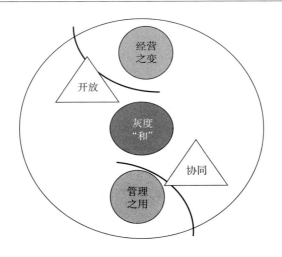

图 5-4　华为"和""变""用"本土管理理念提炼

灰度和管理的两个最明显特征是"开放"和"协同"，"开放"是要在保持公司稳定有序运作和整体利益前提下，将公司的资源、信息、机会、权益向利益相关者开放共享，以最大化、集中化、聚合性、兼容性地获取和利用公司内外部资源并转化为公司的竞争力；"协同"是要通过有效的平台、机制和项目将公司经营管理中弥散的、远平衡、冲突性、冲动性、沉淀性的多元经营能量有效聚合，按照有利于公司经营战略目标实现和高绩效竞争的"实用"性进行组合运用。灰度和的"开放性"，使公司经营时刻保持"过冬危机"的开放性传递，保持渐进性改变和突破性创新的交替呈现，保持让客户感动的服务承诺；灰度和的"协同性"使公司经营管理保持"利出一孔、拼死相救"的狼性组织行为，使公司经营管理保持市场零响应时、全球同步、实时管控的快速协同反应状态。在灰度"和"的管理哲学之下华为公司引入、创造并实施了诸多的"多变但管用"的管理方略，例如，通过推行竞争性薪酬、三次员工持股（配股）激励、任职资格制度、末位淘汰制度、干部选拔制度、新人导师制度等公司充分激发了员工的"主人"行动力和集体合作意识，通过一次次的成功战例和高绩效的成长，在全体员工中沉淀形成了自动自发的自组织文化和自组织行为。华为通过推行市场驱动式经营、战略聚焦、开放式创新、国际化价值链、集成化流程塑造和轮值CEO等整合性运营模式，使公司的经营管理始终保持资源张力与集合能量、自主创新与模仿突破、规模耗散与行动快速、决策自明和执行强力等管理结构的远平衡和自主熵增协同。

2. 阿里巴巴"和""变""用"交叉共生的价值观管理

人们普遍认可的价值观是指个人、群体及民族国家既有的，包括对自然和社会中各种事物和行为进行选择、判断和评价的观念系统；外延涵盖了政治、经济、科学、技术、管理、文化、教育等各个领域的价值理念。[①] 具体来说，企业的价值观就是企业内部所有员工在进行行为决策和判断评价时共同遵守的理念及行为标准。阿里巴巴的高速发展，稳居国内电商企业龙头位置，与阿里巴巴创造并长期坚持的价值观管理密不可分。

阿里巴巴经营管理理念的核心就是"和""变""用"交叉融合的价值观管理模式（见图5-5）。在知识型员工和受过高等教育员工的数量急速增长的今天，对任何组织而言，员工的个人价值观与集体价值观都已经成为必须关注的因素，而这两者之间能否契合又成为重中之重。"价值观管理"作为一种管理理念和实践逐渐成为可持续、富有竞争力以及更加人性化的文化的主要驱动力。这是一种战略领导工具，不同于以往的指令管理和目标管理，通过在组织中应用价值观管理，可以帮助组织通过关注员工来挖掘未来市场潜力，引导组织发展壮大，一步步走向成功。因而，任何企业管理者都必须构建符合企业发展要求的价值观，并时刻关注员工和企业价值观的一致性，通过价值观的管理实现对员工和企业的有效管理。

阿里巴巴价值观管理的核心理念具体是指思想利益求"和"、自我发展求"变"、管理经营求"用"，这是阿里巴巴价值观管理实践的基本原则。思想利益求"和"指的是所有员工包括从一线的销售人员到公司高层领导，都要在思想上贴近并认同阿里巴巴的价值观，达成一致目标，为实现组织共同目标互帮互助。

---

① 周晓庄．价值观体系与制度创新［J］．管理世界，2008（5）：170.

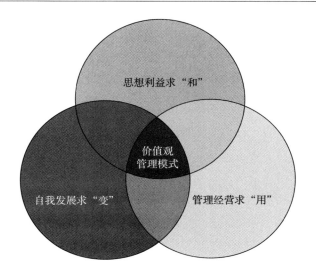

图 5-5　阿里巴巴"和""变""用"价值观管理理念提炼

同时，在企业所得利益分配上实现共赢，重视普通员工的利益，分享成果，不让雷锋吃亏。自我发展求"变"指的是在企业发展过程中既不拘泥于既得利益也不停留在固有模式里，而是学会拥抱变化，时刻居安思危，主动创新寻求变化以保持行业领先地位。管理经营求"用"指的是企业在管理和经营的过程中，无论是管理员工还是经营业务，都坚持有用、适用和实用的原则，摒弃不合时宜的虚空的东西，一切从实际出发，以顾客利益为中心。

阿里巴巴价值观管理的实践就是思想利益求"和"、自我发展求"变"、管理经营求"用"，三者交叉共生的结果。"和""变""用"是中国本土管理思想的重要元素，三者交叉共生，缺一不可，共同塑造了阿里巴巴的价值观管理理念。阿里巴巴的价值观是一个完整的理念系统：成员思想行为上求"和"，企业自身发展上求"变"，企业管理和经营方式上求"用"，最后企业利益分配上要求利"和"。它的实践过程则对应一个完整的行为系统：通过员工培训和价值观考核，甚至在面试之初引入闻味官，以确保员工的理念和行为符合企业的基本价值观；企业在发展过程中，不断进行创新，调整经营方向，主动接受并挖掘新事物，寻求突破点，以确保企业能够在变化莫测的互联网世界中独领风骚；在企业管理过程中，立足现实，根据实际情况相应调整价值观管理方法，从面对面解决问题到培训再到考核，确保企业管理方法适用于现实情况；在企业经营过程中，尊重顾客，长期坚持顾客第一，所有行为和处事方法都以实现客户价值为目标；在利益分配上，高层领导不能独享，坚持企业利益要共享，提倡成员间分享成果的同时，坚持不让任何一位共享者吃亏。阿里巴巴在进行价值观管理的过程中，坚持从理念到行为，由理念指导行为，再由行为强化理念，两个系统彼此促进，共同发展，一起构成阿里巴巴价值观管理的整体框架。

第六章　三家领先企业实践理论化的案例分析

第一节　海尔的"人单合一"理论：实践基础、理论逻辑、科学价值

一、"人单合一"管理模式

1. "人单合一"管理模式的内涵

海尔的"人单合一"管理模式主要围绕三点，即企业平台化、员工创客化和用户个性化，在人单合一中，"人"即员工，"单"即用户价值，海尔公司立足于把二者相互联系起来，充分发挥员工价值与用户价值的有效结合，员工在为用户创造价值的同时体现自我价值。在海尔的用户价值管理中，顾客被转化为可以交互和体验的用户，并成为员工获取薪酬和企业获取生态价值的关键驱动力量，这是海尔模式独特的创新。用户价值管理的目标是让定位于产品交易的顾客转化为定位于服务的用户，让用户始终在线，保持实时交互的状态，进而成为其个性化体验被社群圈子锁定的终身用户。2012 年，随着海尔进入第五个发展战

略——网络化战略阶段，"人单合一双赢"管理模式升级为"人单合一 2.0——共创共赢生态圈模式"。"人"从员工升级为利益攸关各方，"单"从用户价值升级到用户资源，"合一双赢"升级为"合一共赢"，最终目的是实现共创共赢生态圈的多方共赢增值。企业内部形成的是"人人创客"的创业平台，外部形成协同共享的生态模式，企业为激发员工主动性、创新性提供共享平台，充分体现企业平台化、员工创客化的特征。另外，在"人单合一"模式下，一线自主经营体与客户直接对接，据市场变化和用户需求进行自运转、自创新和自驱动，形成直接按"单"定制、生产、营销的一级经营体，直接满足了用户个性化的需求。海尔的"人单合一"模式是对管理学上的一种突破与创新，充分展现了我国领先企业管理实践的独特性与创新性，以及其研究的重要性。

2. "人单合一"管理模式的四要素

"人单合一"是一个探索性的模式，是随着用户以及企业需求的变化不断进行创新，"人单合一"理论的主要要素是："人""单"酬组（见图6-1）。

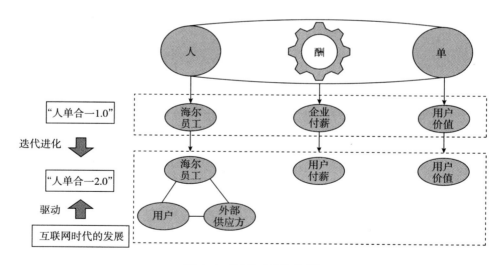

图 6-1 "人""单""酬"

资料来源：谦启管理评论。

其一，"人"。一个企业中的被管理者可以理解为员工，企业的发展必然需要被管理者的劳务付出，企业创造价值不是仅靠管理者的自导自演。在海尔集团的管理理念中，员工作为为企业提供产品或是服务的主要付出者，消除员工与管理者的地位差别，使其趋于等同，由原本的被管理者或是被雇佣者转变为企业的创业者或是合伙人。这让人想起了股权激励，海尔集团的"人单合一"管理模式又不同于股权激励，是一种更广阔、更真实地改变员工的角色，形成自主创业、自组织以及自驱动的管理模式。提到"人单合一"中的"人"，我们最常听到的就是每个员工都是自己的CEO，就是让员工直接成为自己的主导者，"人单合一"管理模式赋予了"人"很大的包容性和创造力。

员工也可以被称为自主经营体或创客，表达的都是海尔集团创始人张瑞敏所说的企业即人，人即企业。海尔集团主张的是员工有自主权，可以根据市场需求自主判断进行决策，不断赋予一线员工决策权、用人权和分配权，自然形成根据市场需求自下而上的倒逼机制，同时员工有权根据为用户创造的价值自己决定收入。这样既运用独特的管理模式给予员工一定的角色压力，还激发了员工的积极性，从而扩大企业价值。

其二，"单"。企业想要获得更客观的价值，获得更高的收益，对海尔集团而言，就是以最少的投资创造最大的价值，销售更多的商品及服务，这一切都需要客户。在海尔"人单合一"管理模式中，所谓"单"即用户价值，改变以往独立零散的顾客概念，适用于如今物联网时代大背景，利用用户传感器，创立用户这一长期且关联性强的关系网络概念。正如张瑞敏说的，从顾客上升到交互用户，对应的是从产品上升到用户交互，用户交互上升到生态价值，从产品价值变成用户交互价值、生态价值。

用户位于整个创新生态圈的中心，企业的所有活动都是围绕着用户进行的，并且员工直接与用户进行对接。在"人单合一"管理模式中，用户有着三点特征：①用户持续参与设计、生产、物流等环节，全流程透明可视，用户参与交互和设计，秉持着先有用户后有产品；②每台订单都有用户信息，采取"用户→工厂→用户"的模式；③用户拥有全流程、全生命周期以及全生态的极致体验，及时满足用户价值。同时按单聚散，以"单"为中心，汇聚人才与资源。在整个管理模式中，其起点以及最终目的都是提升用户价值（"单"）。

其三，酬。该要素也可称为驱动力，因为薪酬就是企业的驱动力，在"人单合一"理论中，对薪酬而言，将传统的岗位薪酬（固定工资）和委托代理激励机制（金手铐）转换为"用户付薪"驱动的创客所有制，这是海尔模式在薪酬方面的独特之处。"酬"的核心是单酬合一，也可称为"人单酬"，也就是指每一个海尔员工的薪酬都和其"单"即用户数量、销量等业绩表现挂钩。大多数企业采取的是企业付薪，员工只要完成任务即可得到薪水，而海尔是以用户的满意程度来评判员工的薪酬，使员工同用户零距离，直接由用户决定，激发员工的活力，提升企业整体能力。

其四，组。传统企业的组织是执行上级命令的线性组织，也是科层制。海尔"人单合一"模式的组织架构是创造用户个性化需求的非线性组织。海尔集团只存在三种人，分别是平台主、小微主和创客。平台主基本上是担任为创业团队服务的角色，而小微主和创客有一个共同点，他们同样需要吸引投资、抢占商机以及抢市场份额。这三类人形成交互的关系网络，而不是扁平化的。同时，海尔以并联引领生态圈为内圈，以用户最佳体验生态圈为外圈，让企业平台上的小微网络化，引入各种资源并保持互联互通，共同加速用户体验的迭代，从而实现从封闭到开放的进化，如图6-2所示。

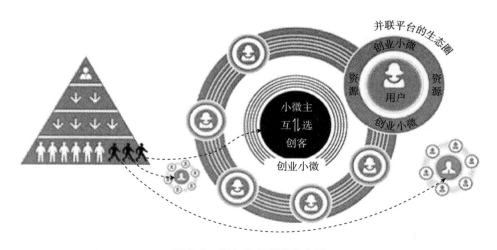

图6-2　海尔共创共赢生态圈

资料来源：海尔集团。

3. "人单合一" 的运行机制

海尔"人单合一"管理模式的运行机制也就是研究海尔是如何将员工和用户合一的，这里主要讲述的是合一的组织与工具。海尔"人单合一"的主要运行机制主要围绕着三点——自创业、自组织以及自驱动，形成海尔独特的"三自"循环体系（见图6-3）。

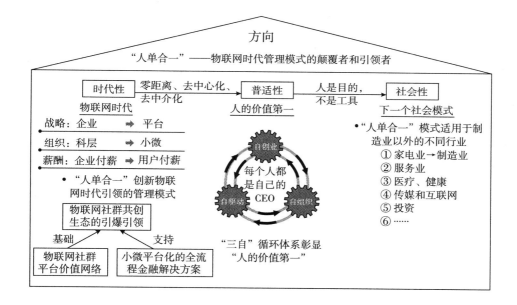

图6-3 "人单合一"管理模式运行机制及"三性"引领

资料来源：920"人单合一"模式国际论坛。

（1）自创业机制

在海尔对"人单合一"探索的30多年间，始终秉持着"人人创客"的理念，把员工工作的积极性和主动性尽可能地发挥出来。从员工命名到自主管理班组、SBU，再到自主经营体、利共体和"小微"。每个时期都有着符合阶段化发展的方式，其根本目的都是鼓励员工自创业，做自己的主宰者，创造更多的自我价值。张瑞敏始终坚持人是企业的关键，企业的所有的资产要增值都要靠人，因此海尔不断激发一线员工的活力，形成海尔自己的活力"场"。给予员工创客化，也就是将员工的梦想行动起来，自我创业，总结起来就是创客＝梦想者＋行动者＋创业者，赋予其三种身份的结合，形成了一种创客的链式反应，内部原有的创客"小微"也在同外部的创客创办新的"小微"。

同时，海尔的自创业机制也是在开放机制的前提下进行的。例如，海尔开放创新平台（HOPE）是海尔与全球伙伴交互创新需求、寻求优秀解决方案的网络平台，通过与全球伙伴知识共享、资源共享，建立专业领域的个人圈子，打造全球创新交互的社区，这更体现了开放的资源共享。在海尔员工自创业，有着以用户为驱动的开放式创新生态圈，HOPE 平台开放接入全球研发资源，海达源平台通过网络接入全球一流模块化供应商资料，众创汇平台则使用户的个性化定制得到满足。海尔不仅鼓励内部员工，还鼓励外部人员前来创业，追求社会化，海尔是不给小微创业项目提供资金的，想要自创业就需要借助平台资源吸引风投，为自己的创业项目抢占竞争地位。

（2）自组织机制

如今互联网的去中心化，形成了在企业内部，员工是企业价值创造的中心，在企业外部，用户是价值创造的中心，内外部共创价值的模式。自组织最核心的三个要素是组织内部共创、共享、共治。其中，共创是指人人都是价值创造者，一线的经理员工没有特定的角色设定，而是在与用户的价值创造中自动扮演各种角色，自动感应外部市场和用户需求的变化；共享是指自组织作为高度信任授权体，强调利益的共享而非独享，构建利益的共同体；共治强调的是员工的参与，大家一起制定规则和群体制度，实现"自创新、自驱动、自运转"。海尔的自组织机制形成和运作主要具备四个关键要素：①顾客驱动机制与开放的系统边界；②员工自治与权力倒逼机制；③全员契约的内部市场机制；④自由联盟的"小微企业"与社群协同演化机制。在海尔的自组织机制实践中，具体是以按单聚散、竞单上岗和"官兵互选"等机制运行。

首先，按单聚散。按单聚散的目的是保持组织整体活力，在开放的环境下，外部优秀人才也可以无障碍地进入。按单聚散的流程如图 6-4 所示，在图的最左侧，企业的战略运作，市场需求和开放性平台，产生了"单"，同时产生了"单"需要的人才类型与能力要求，进一步由平台主和小微主明确"单"的需求（"亮单"）——任务内容、任务目标、参数、数量、时间、成本、竞单者能力条件等，接着开放抢单，抢单执行"三预"（预案、预算、预酬），抢单成功后签订契约，开始"按单发展"，获得"单"的小微创客开始"官兵互选"。

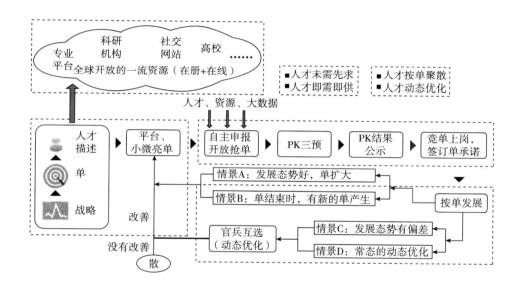

图6-4 按单聚散流程

资料来源：海尔集团。

其次，竞单上岗和"官兵互选"。竞单上岗实质上是指在"人单合一"管理实践中强调的归零竞单，给予员工同等的机会去竞争锁定的"单"，在完全开放的条件下，员工凭实力去为"单"做预算和方案，公平地竞争，胜者上岗，败者退出。"官兵互选"是指"小微"团队中，"小微"主的能力不足，不能带领团队创造更多的用户价值，成员可以采用"官兵互选"手段来获取更多的相匹配的酬，通过"官兵互选"这种方式激发团队的创业活力以及积极性。

（3）自驱动机制

"人单合一"的自驱动机制也是合一的工具之一，自驱动是指根据用户的体验与需求，不断地驱动员工自己去创造新的空间，自驱动又驱动到再创业。德鲁克说一个组织最重要的是能够自我管理，自我创新。海尔的自驱动也是围绕着这个观念去进行自驱动，不断激发员工的潜力，驱动着企业的创新发展，从而实现企业在时代变化中站稳脚跟。"人单合一"的自驱动具体可分为员工自驱动及用户自驱动，主要是员工的自驱动。其中用户的驱动机制最直接的表现方式就是用户评价，给予用户选择权。用户参与产品的全流程，实现用户定制化，这也是员工自驱动所围绕的中心。员工自驱动则可以理解为海尔首先营造了创业的平台，为社会上的每一个创业者提供开放的平台，企业内外部的成员都可以展现自己的实力进行自创业，但与此同时，创客需要跟随用户需求实现自我驱动，否则便会失败。海尔具体的行为驱动方式主要有海尔的"三张表"以及"人单酬"等，"人单酬"可视化平台系统框架如图 6-5 所示。

首先，互联网为企业管理带来的是"范式革命"式的颠覆，传统的管理理论、管理工具在新时代下逐渐失效。在企业互联网转型过程中，海尔积极以"人单合一"管理模式及理论创新、模式创新为先导，海尔在实践中探索创新管理工具，逐渐发展出"战略损益表、顾客价值表、共赢增值表""三张表"，驱动海尔平台及小微转型升级，不断朝打造"共创共赢生态圈"的方向演进。其中，战略损益表是对一般企业的传统损益表的升级，应用于自主经营体时期；顾客价值表驱动小微从"压货"转向"零售"，关注顾客价值；为创造用户的价值增值，共赢增值表具体包含五个步骤：第一步，用户增值；第二步，并联生态圈；第三步，对赌机制；第四步，用户增值分享；第五步，显差关差。这是为"人单合一 2.0"模式的进一步的升华，通过运用共赢增值表，海尔三类人：平台主、"小微"以及创客显示出各自的差异，并且在始终保持为用户增值的目标下，探索新的转型行为，从未通过这点来激励员工，推动"人单合一"理念的发展。三张表共同的落脚点都是以用户为核心。

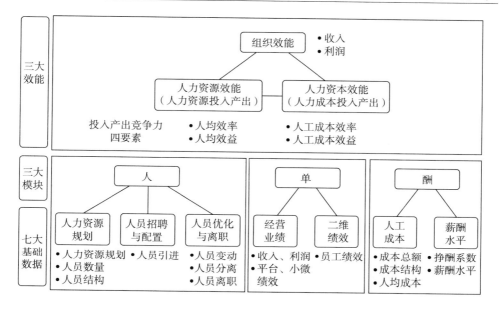

图6-5 "人单酬"可视化平台系统框架

资料来源：作者改编。

其次，人单酬作为驱动机制，主要包括二维点阵和对赌酬。二维点阵在"人单合一"管理实践中，上接"单"、下连"酬"，向上承接着对战略损益表第一象限两个维度目标的衡量，下连接"酬"，在实践中就是转化"小微"对赌契约和"小微"成员的"人单合一"承诺。其关键是找到纵轴上的突破路径，找到能力提升的方向。对赌酬是对二维点阵的转化与补充，添加了具体的对赌契约和员工承诺。改变"酬"由上级确定的模式，变成平台与小微双方的对赌，体现共创、共赢原则。具体体现在资料对赌和自挣自花，资料对赌是平台提供的资料与"小微"创造的用户价值对赌，进行对赌分享，共创价值；自挣自花是指"小微"按照价值贡献原则确定自己的薪酬，激发员工竞争斗志，争单抢单得高薪。对赌酬机制主要是创业小微对赌股权激励机制，生态小微市场交易机制以及转型小微对赌价值分享机制。

二、"人单合一"的产生与发展变化

青岛海尔自 1984 年成立至今已有将近 40 年的发展历史，是一个家喻户晓的家电品牌。海尔从张瑞敏接手时的无窗小工厂发展成如今人尽皆知的领先企业，这样奇迹般的改变离不开集团运用的"人单合一"管理模式，海尔集团利用其创新性、大胆性且具有领先性的管理理念改变了管理者与被管理者的鸿沟问题，使海尔一步步走到今天的市场地位。

1. 海尔"人单合一"的创生

在 20 世纪 80 年代初，日本经济学家小宫隆太郎教授在考察中国后做出了"中国没有企业"的断言，在当时的中国没有符合企业基本特征的企业。随着越来越多改革开放政策的实施，张瑞敏也聚集了一批想干事的人，开始了创业之路。家电市场是最早开放以及最早面临国内外共同竞争的市场，张瑞敏学习了德鲁克的管理思想，例如，好的管理者要把自己和员工的长处发挥出来，发挥到能够把公司的绩效和个人成就协调起来，也就是每个人与公司的目标是等同的，每个人与公司的收益是协调的，员工能力贡献给公司，公司的发展也推动员工的个人价值体现。之后的海尔在红海市场中主动求变，不断地突破。

1984~1991 年，海尔开启了名牌战略阶段，抓住改革开放的机遇，改变员工的质量观念，提高员工的质管素质，以过硬的质量创出了冰箱名牌。1985 年还处在中国经济的短缺时代，别的企业年产量都已经百万台了，海尔才不到十万台。海尔的观念是如果员工素质不能支持，盲目扩大规模只能丢掉用户。海尔大胆提出"要么不干，要干就要争第一"的理念，以为用户提供高质量产品为目标。这时，海尔发生了"砸冰箱"事件，但正因为这一事件，唤醒了海尔人"零缺陷"的质量意识。1991 年开始，海尔进入多元化战略阶段。借着邓小平同志南方谈话的机遇，海尔兼并了 18 家亏损企业，从只干冰箱一种产品发展到多元化，包括洗衣机、空调、热水器等。海尔的兼并与众不同，并不去投入资金和技术，而是输入管理理念和企业文化，用无形资产盘活有形资产，以海尔文化激活"休克鱼"。海尔认为"东方亮了再亮西方"，海尔冰箱已做到第一，在管理、企业文化方面有了可移植的模式。

20世纪90年代末，海尔进入国际化战略正值中国加入WTO，很多企业响应中央号召走出去，但出去之后非常困难，又退回来继续做定牌。海尔认为"国门之内无名牌"，"不是出口创汇，而是出口创牌"，并且提出"下棋找高手""先难后易"，首先进入发达国家创名牌，再以高屋建瓴之势进入发展中国家。

海尔还大胆地在美国设厂，当时看来没有成本优势，但从今天来看，这无疑是个高度前瞻的、正确的决定，今天海尔满足美国当地消费者需求正是依托于美国南卡的海尔工厂。海尔打造国际化品牌就是按照"走出去、走进去、走上去"的"三步走"思路。海尔逐渐在国际上树立品牌，成为中国品牌走向全球的代表者。

海尔最开始注重的就是用户，考虑了用户的体验，为用户提供高质量的产品。同时，在"人单合一"提出之前，海尔奠定了自己的企业文化，使企业拥有自己的魂，并且拥有着富有前瞻性的管理理念和文化，为"人单合一"的提出奠定了理念基础。海尔的战略布局的选择与运用，使其成为了如今拥有全球知名度的领先企业，这为"人单合一"的提出奠定了实力基础，使海尔有了颠覆传统管理模式的信心与底气。从起初的以用户作为重心带来的成就也奠定了海尔以用户为中心的"人单合一"管理模式的创生。

2."人单合一"的发展演变

海尔集团进行变革的原因主要受到三方面因素的影响：首先是客户需求的变化，在互联网和信息化时代，用户需求逐渐趋向于个性化，企业想要提高竞争力和提高市场份额的主要目标就是用户，满足用户个性化要求。其次是制造模式的变化，企业制造模式由大规模生产转向大规模定制，改变以往企业生产固定模式的商品给代理商进行销售的模式，成为根据用户的需求定制化，充分发挥用户价值，是用户到企业之间形成有效的价值共享。最后是互联网大背景的变化，如今万物互联的出现，也就是物联网，使企业管理也要随着互联网大背景的变化对接物联网，逐步平台化。

自海尔"人单合一"理念提出以来，在这十几年的探寻中主要分为了三个阶段："人单合一"的市场链阶段、自主经营体阶段和平台生态圈阶段。

（1）市场链阶段

海尔集团把在实践中获得的认识和经验加以概括和总结形成更有高度的知识体系，在"人单合一"管理模式的初创阶段，认识到"人"非他人而是自己，"单"是有竞争力的市场目标，该阶段主张的是人与市场的有机结合，并且开始了海尔的全球化品牌战略发展。自"人单合一"出现以后，2006年海尔集团提出了"让员工做大，让客户做大"，在"人单合一"管理模式的起步阶段，主要包括了"人单合一"、直销直发和正现金流三项内容。首先，人单合一主张的是人与市场的合一，为更好地将产品与市场挂钩，提出了"让每个人面对市场成为SBU"，每个人对自己的订单负责，直面市场竞争从而提高整体竞争力。其次，直销直发是指直接营销到位、直接发运到位，这是实现"人单合一"的基础，只有在直销到位的前提下，才能直发到位，所谓直接营销是指在产品设计阶段就面向市场，根据客户的需求进行创新，直接发运是指在指定时间内完成生产全过程，并在完成后不经过仓库存储直接发运到客户指定位置，其实质是直接面对用户的需求，解决用户难题。最后，正现金流是"人单合一"必须保证的结果。现金流作为企业生存的氧气供应者，利润作为企业的血液，只有存在正现金流，才能使企业富有生命力。

在2006~2009年，海尔在运营流程上实行了"信息化日清"和"1000天再造"。所谓"信息化日清"就是通过信息化手段，对每个员工、每个经营体每天的工作有一个日常清理，对市场变化、经营状况、个人业绩等进行即时反馈，以最快的速度掌握市场脉搏，形成企业快速产品研发能力、快速营销能力和快速获取订单能力，从而及时发现问题，清理问题，发挥"人单合一"。2007年提出的"1000天再造"的最终目标是直接面向客户，形成最短距离，了解客户的需求，解决需求问题。其中，采购和制造环节实现流程再造主要是将制造、采购、物流、财务四个系统进行整合，将原来独立的信息全部串联起来，做到产销协同。2008年实行的中心库（DC库）清零，采取即需即供模式，海尔坚持以用户价值为目标，倒逼整个体系改进，并且成功地度过了金融危机。

但是在"人单合一"初创阶段，海尔在组织结构上存在着一定局限性，大体采取的还是"金字塔"式的管理模式。由高层管理层到中层管理者再到基层员工，明显的层层分级，也同时代表了各级成员地位和角色的不同。这样的企业组织结构虽是最常见的，但也是存在弊端的。明显的分级制度会抑制员工的积极性，基层员工存在压迫感，降低企业幸福指数的同时久而久之会产生惰性以及应付性的工作态度。在金字塔结构下，用户只可以通过将信息传达到基层员工，再由基层员工上传到高层管理者，随后再一层一层将信息传导到基层，再到客户，这样的组织结构既降低了效率，同时可能存在信息的偏差，不能得到真正的解决。

　　（2）自主经营体阶段

　　2009 年张瑞敏提出"每个员工都是自己的 CEO"，并提出了打造"人单合一"双赢文化，2010 年明确了自主经营体的定义开启了自主经营体阶段，逐步强调"人"的概念，不断认识到员工自主能力的重要性，激发员工潜力。此时的海尔追求的是让创新的基因融入每一个员工身上的，给员工创造平台，每个人都在为客户创造价值的同时，实现自身的价值，赋予"人单合一"管理模式新的活力。在随着网络化进程的加快以及用户个性化发展，海尔集团在 2012 年末提出"三无"——企业无边界、组织无领导、供应链无尺度，在企业无边际上，海尔致力于建造无边界聚散资源共享；在组织无领导上，致力于构建组织和员工之间的动态合作人机制，提出了"人是目的而非工具"的管理哲学，倡导"人人创客""人人都是 CEO"的理念，通过释放员工活力和赋权来影响企业整体管理模式；在供应链无尺度上，致力于内外部共同创业，为一线员工提供有效的资源共享和机会，激发员工积极性。

　　为"人单合一"理念适用企业运营环境的变化，海尔始终重视对组织的探讨，致力于消除用户与企业之间的距离，构建真正的用户零距离的组织，在二者之间建立最紧密最直接的联系。在自主经营体阶段，企业规模不断扩大，为使企业更好地发展，海尔集团提出了"倒三角"组织结构，这也代表着海尔集团自 2005 年提出"人单合一"概念以来至此确定"人单合一"双赢经营模式（见图6-6）。"倒三角"组织结构的表现形式主要是将决策权、用人员和分配权直接赋予到一线的自主经营体，原来的金字塔顶层的职能从审批向服务转变，从而拉近员工与用户的距离。海尔直接将中层管理者剔除，以纵向和横向两个角度协同与用户之间的零距离。首先，从横向可以分为研发、制造及营销三类，形成一级经营体，员工在这里形成三大板块的自主经营体，秉持端对端的态度，拉近与用户之间的距离，追求用户价值最大化。其次，从纵向可以分为一级、二级和三级自主经营体，其中一级经营体是直接对接用户，为用户创造价值；二级经营体主要是作为资源平台，为一级经营体提供可靠及时的资源和流程支撑；三级经营体也就是原主管，其职责对内是促协同优化，负责机制创新，对外是负责发行和抓住战略性机会。"倒三角"组织结构其本质是通过市场压力的传导，倒逼组织资源的分配，从而为用户创造更大价值。海尔在提出这一改变时，是受到了很多的社会质疑的，但是其坚持以用户价值为核心位置的"人单合一"管理理念，事实证明，海尔作出了正确的管理决策与先导性的变革。

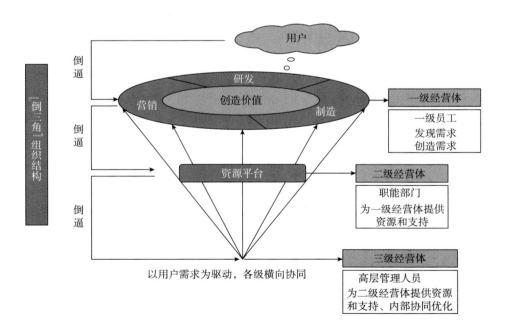

图6-6 "倒三角"模式

资料来源：谦启管理评论。

（3）平台生态圈阶段

从 2012 年起，海尔就开始了互联网化的转型，开启了其网络化战略。在 2013 年末提出了"三化"——企业平台化、员工创客化、用户个性化。海尔用 "企业平台化" 颠覆传统科层制，用 "员工创客化" 颠覆传统雇佣制，用 "用户个性化" 颠覆产销分离制。互联网的发展带来了全球经济一体化，加速着企业的全球化进程，互联网的三个特征——零距离、去中心化、分布式。零距离颠覆了泰勒的 "科学管理理论"，在互联网时代，用户和企业之间是零距离的，从而满足用户的个性化需求；去中心化颠覆了马克斯·韦伯的科层制理论，所谓去中心化就是每个人都是中心，对内部而言每个员工都是中心，对外部而言每个用户都是中心；分布式颠覆了法约尔的 "一般管理理论"，互联网为企业利用这些分布式的资源创造了条件，企业要从封闭变得开放，海尔就是秉持着世界就是我的研发部，世界就是我的人力资源部的理念。

海尔集团在转型升级发展过程当中，积极对接物联网时代，以转型成为一个创业型平台企业作为战略目标，并创建了 COSMOPlat 平台（见图 6-7），平台的核心就是大规模定制模式，它有三个差异化：①全周期，把产品的生命周期变成了用户生命周期。②全流程，在 2014 年，海尔在实现与用户零距离的过程中，大胆改变以往串联流程，建立真正与客户零距离的并联流程，让用户处于所有流程的中心，同用户建立端对端的联系。总之，海尔集团这些年对流程的变革都是相对大胆且细致的，并且具有一定的前瞻性，海尔一直坚持自己的对 "人单合一" 以用户价值的中心的宗旨探索适时的变革，推动企业发展。③全生态，海尔集团把企业原来的边界打开，变成一个开放的平台，这样全球一流的资源就可以上来，来共同创造用户的价值。在搭建 COSMOPlat 平台过程当中，是用一个开放、共享、共创、共赢的生态来实现的，并且已经成为全球最大的大规模定制解决方案平台。因为它的一个生态，上面聚集了 3.2 亿个终端用户，服务于 3.5 万家企业，同时也连接了 2 万多台的终端设备。这上面也聚集了 6000 多个开发者，来为这些企业赋能，提供他们的解决方案，海尔也由一个产品导向的企业演变成了一个生态导向、创业型平台的企业。

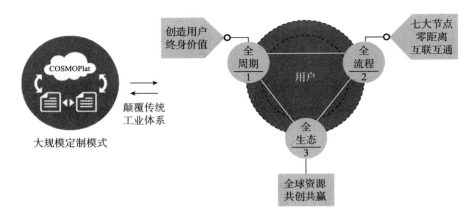

图 6-7　COSMOPlat 平台

资料来源：海尔集团。

在 2018 年海尔提出了"三生"，阐述了海尔在物联网时代关于生态圈、生态收入、生态品牌的探索实践，契合于物联网时代社群经济、共享经济、体验经济的特点。生态圈是必要条件，对应着社群经济，其以社群用户为主体，通过搭建触点网络创造用户体验迭代，实现创造价值与传递价值合一；生态收入对应共享经济，其让生态圈中的各攸关方共享自创的用户体验增值，以此良性循环，让生态增值代替单一的产品价值；生态品牌则对应体验经济，其目标是感知用户传感的需求，即时创造用户体验升级，直至终身用户。"三生"的颠覆所展现的就是海尔自以为非的文化基因。正如《道德经》所言，"万物负阴而抱阳，冲气以为和。"海尔关于生态的探索即是在不断自我否定中前行，颠覆旧事物，而创造新事物。这些都可以看出，海尔集团对于"人单合一"管理模式在管理实践中不断进行思考，随着市场以及风险的改变，不断完善"人单合一"理念，使其更适应企业的发展需要。但不变的是海尔集团始终注重员工与用户的结合与价值。

同时，海尔集团在组织上提出平台型生态组织。该组织结构是对"倒三角"结构的补充与改进。平台型生态组织这一管理结构添加了利共体、"小微"和平台型组织的新理念，提倡共创、共赢与共享，鼓励员工共同创造用户价值，营造"三共"的生态圈，也就是打造"人单合一 2.0"。利共体的出现也是用户个性化和网络化的必然结果，实际是有着四个特点：全流程、开放、动态和竞争，其实质是为持续同用户网络交互，深度协同发展，实现用户交互价值和生态圈价值。另外，平台型组织存在两大主体：平台和"小微"，平台更像是为"小微"提供资源的服务者，而"小微"则是被赋予三权创造用户价值的被服务者。"小微"的提出是为了解决平台和利共体之间的市场结算以及为企业内部创业提供孵化平台支撑的问题，"小微"不仅包含内部创业者，还包含外部创业者，共同形成全社会资源有效配置的创业平台，企业通过实行按单聚散、竞单、"官兵互选"等机制，形成动态的"小微"管理。海尔接下来还要继续落实平台型生态组织，进一步对接物联网，优化组织结构，随着新战略主题与新海尔文化的发布，海尔也将展开新画卷，进入物联网生态品牌新时代。

综上所述，表6-1是对观念、流程、组织三种变革的整理：

表 6-1　"人单合一"模式变革一览表

年份	观念变革	流程变革	组织变革
2005	"人单合一"的提出	—	—
2006	让员工做大 让用户做大	T 模式"信息化日清"	无边界团队
2007	人和组织再造	"1000 天再造"	—
2008	—	取消 DC 库库存	—
2009	每个员工都是自己的 CEO	—	从金字塔到倒金字塔
2010	—	—	自主经营体
2011	我的用户我创造，我的增值我分享	—	三级三类自主经营体
2012	"三无"	—	—
2013	"三化"	—	利共体、"小微"，平台型组织
2014	—	从串联到并联流程	—
2015	用户付薪、投资平台	—	"小微"生态圈
2016	—	—	—
2017	—	—	—
2018	"三生"	—	平台生态

资料来源：根据王钦. 人单合一管理学：新工业革命背景下的海尔转型［M］. 北京：经济管理出版社，2016. 整理。

三、理论价值与实践价值

1. "人单合一"管理模式是对传统管理模式的颠覆

传统管理模式是以大规模流水线制造和组织为基础，其理论基础是泰勒的科学管理。该科学管理理论的伟大之处在于其发现了生产作业、工人技能、员工关系等诸多表象背后深藏的主要问题和矛盾，并通过现场试验、分析和研究，提出了解决问题的思想方法，作为早期经典管理理论的代表，极大地推动了管理实践的进步。马克斯·韦伯提出的科层制是一直被广为应用的组织管理方式，也就是所谓的"金字塔"结构，虽然以通用汽车和丰田公司为代表的公司通过砍削中层而将原有组织结构从"金字塔"式压缩成扁平式，但层级化与官僚化的管理本质依然没有得到根本的改变。这个危机的症状之一就是我们的研究方法和手段变得越来越复杂，但对于实践中的管理者却变得越来越无益。

反之，观察海尔的组织流程变革，"金字塔"式的组织结构已不复存在，而是一种全新的"倒三角"组织架构，是对传统组织结构的颠覆。在这个新的组织体系中，传统意义上的"中层"已经消失，原有的人事、财务、研发、供应等后台系统在合同契约关系的"倒逼"之下主动向一级经营体提供资源服务，成为了面对用户和黏住用户的一个个节点。

此外，提出"每个员工都是自己的CEO"，逐步强调"人"的概念，是对传统分工合作模式的颠覆，不断让员工认识到自主能力的重要性，激发员工潜力，给员工创造平台，每个人都在为客户创造价值的同时，实现自身的价值，赋予"人单合一"管理模式新的活力，充分激发员工积极性。企业内部的资源不仅由此得到了高效的优化配置，而且整体组织对于市场的协同反应灵敏度大大增强。

2. "人单合一"管理模式改变了管理者与员工角色与分工

在传统科层组织结构中，管理者的角色就是决策者，负责分配任务和进行监督，其与员工之间是一种绝对化的纵向隶属关系，但在"人单合一"管理模式下，一线自主经营体与客户直接进行对接，据市场变化和客户的不同需求进行自运转、自创新和自驱动，员工从过去被动地服从领导变成主动地响应市场；在这种情况下，管理者最重要的任务已不再是做指示，而是按照经营体中一线员工的需求，作为合作者与服务者帮助员工整合资源，共同完成为客户创造价值的市场目标，其与员工的关系已经不再是领导与被领导关系，而是平台上的并联关系。

海尔组织流程的成功变革取决于组织体系重新定义与重构，改变了整个组织的意象，使员工能够改变他们对外部环境的认知和行为互动。正是管理意象赋予了员工日常行为意义，并指导组织成员的思考和行动，使员工能够在复杂和迷惑的情况下理解变革情境的本质，激发员工的灵感和活力，从而使组织变革得到有效执行，认同和分享管理层的战略意图。

不仅如此，在"人单合一"模式下，员工不是靠完成上级的指令挣工资，因此，管理者最重要的监督职责也不再是考核员工的指标和效益，而是为员工成为"自己的CEO"创造机会和提供平台。这种权力运行模式、信息传递方式以及组织内部的沟通方式，都呈现出了与传统管理模式的不同，对管理者与员工之间的关系调整具有积极的理论价值。

3. 打破传统组织边界，再造生产与市场的利益关系

工业时代的管理往往建立在分工基础之上，分工就是生产者与消费者（人与单）的隔离，厂商利用信息不对称的主动权掌握在自己手中的优势，进而实现对消费者消费倾向的主导，整个生产流程体现为先生产后消费的时序。

但通过"人单合一"管理模式，海尔借助于自主经营体的节点及时追踪用户需求并以最优方案满足用户需求，消费者甚至可以参与到自主经营体之中，参与前端设计和提供解决方案，原有生产者与消费者的"分工"关系演变为"合工"关系。在供应端，自主经营体可以将原属于外部资源的分供方吸纳进来，在进行价格谈判的同时更多地让对方参与到产品增值设计方案的过程之中，如钢材供应商更懂得钢材质地，可以为冰箱外壳更好地取材提供建议，这样，海尔作为生产企业与供应商之间原有讨价还价的"零和"关系变成了"共赢"关系。这种无边界的组织形态实际使海尔面向整个"地球村"构筑起了一个庞大的资源协同与价值创造网络。

4. 作为新的管理意象引领战略变革

变革已经成为企业经营的常态。海尔提出"人单合一"双赢模式推动企业的战略变革，作为新的管理意象，"人单合一"双赢模式引导企业资源的配置和平衡，促进员工角色的快速转换和重新定位，给中国其他企业的组织变革带来积极的借鉴意义。

首先，如果企业要进行组织变革，并与企业外界环境保持良好的匹配，必须具备的一个条件就是完善自身的制度建设。当前中国企业管理在制度与流程方面存在科学的治理设计与执行力问题。这些是企业最需要做得扎扎实实的基本功。中国企业管理实践，更多的应该强调科学管理，加强制度建设，而不是传统管理的经验主义。

其次，海尔"人单合一"的双赢管理模式体现了企业管理的哲学，体现了海尔对于互联网时代变革节奏的把握、对于人力资本价值的尊重和对于用户创新的理解。以"人单合一"作为新的管理意象来概括海尔的管理模式，能有效体现企业对于时代节奏的把握。企业只有通过管理模式的探索，才能进行不断的创新，才能引领自身的持续变革。在企业的发展过程中，注意变中存在的矛盾性，矛盾不一定注定被剔除，而是促使企业构建一种更加可行、更加确定的管理意象，促进变革的实施，这一点海尔"人单合一"管理模式能给其他企业提供经验借鉴，促进其自身制度建设。

四、"人单合一"应用的对策建议

通过上述案例分析，不难看出，海尔实现持续成长能力机制离不开"人单合一"管理模式。基于上述对"人单合一"管理模式内涵、要素、运行机制的介绍，海尔不断地将企业内外部的环境变化和矛盾问题进行聚焦，框定全局性和纲领性问题，并通过不断的循证、研讨和碰撞确认全局性问题，构建适合自身的管理模式，提炼解决纲领性问题的思路与方向。海尔针对不同时代、不同业务领域、不同区域的不同的表征，分析其给自身企业发展带来的风险，纵观其管理模式的变革轨迹，给其他企业带来的借鉴意义极大，只要解决好各种管理问题给企业带来的风险，企业就能长期稳定持续发展。基于此，针对三类不同企业提出以下建议：

1. 转型发展的大公司引入"人单合一"模式

企业管理从物本管理到人本管理，再到当前的能本管理时代，中间历经了漫长的探索过程。如何强调每个人、每个团队的创造精神，使其得到充分实现显得尤为重要。这并不是用素质较高的个体替换素质较低的个体就能完成的，而是要从整个系统的角度考虑问题，使自身具备更大的竞争力。

转型发展的大公司所具备的自主创新能力水平相对较高。因此，若想继续保持领先优势，首先，应该积极学习海尔，顺应物联网时代的万物互联，在全流程上进行组织柔性转变，搭建生态圈机制，吸引利益攸关方的加入，构建创新生态系统，共同开展内向型开放式创新以巩固企业的创新能力和水平。其次，提高为用户创造价值的能力，注重用户维度，为用户创造差异化体验。只有注重用户价值的企业才能实现永恒，从用户参与切入，过渡到用户体验和更深层次更高水平的用户交互，这样才能及时地把握市场需求变化，做到灵活应对，最终实现共创、共赢与共享。最后，完善员工激励措施，不断激发员工活力，为企业、用户和自身创造持续优化价值。

2. 快速发展的中小企业引入"人单合一"模式

一方面，要做好架构新商业模式的观念准备，制约企业成长的关键仍然是组织层级的问题。海尔彻底打翻传统层级，打造成一个个小微组织。对中小企业而言，企业内部让领导做到放权，执行起来相对困难，即便做不到海尔这种大刀阔斧改革的程度，也要尽最大可能做到组织扁平化，赋予员工一定的权利，鼓励员工自组织、自驱动和自创业，尽力为员工创造实现自我价值的平台，争取实现"人"创引领机制。

另一方面，中小企业应当注重以市场链为纽带的业务流程再造，把原来分散的财务、采购、销售业务整合起来。使原先分散、各自对外的各种资源整合为自身企业统一创品牌服务的营销（商流）、采购（物流）、结算（资金流）体系，使整个企业变成一个环环相扣、运行有序的流程化链条。资金流、人力、设备、研发等变为支持服务流程。每一个流程都有自己的顾客，其工作结果都由用户来评价，收入由自己服务的市场支付，实施了以订单信息流为中心同步带动物流、资金流的业务流程再造。明确内向型开放式创新对企业的重要性，企业应该明确自身所具备的优势，做好内外部资源的融合，进一步提高企业的开放式水平。

3. 互联网企业引入"人单合一"模式

互联网、电子商务等的普遍应用，日益打破企业同顾客之间的信息屏障，最终打破导致企业优越于顾客的信息不对称。互联网企业的迅速发展，使需求个性化、竞争全球化、全球经济一体化的新市场环境、新经济格局日益形成，传统的竞争游戏规则开始被彻底改变了。客户对于速度、灵活性、创新提出了更高的要求，互联网企业必须以"更快的物流""更快的设计""更快的生产""更快的反应"面对市场才有可能符合顾客价值主张，抢得用户资源。从而最终在满足用户提升生活品质的个性化需求中找到自己立足的位置。

因此，互联网企业首先要做到去管理中间层级，注重释放员工价值，顺应互联网时代的柔性管理，打造柔性化和平台化组织。其次，注意用户价值。以搭建用户维度机制为中心，以实现用户终身价值为目标，不断完善企业内部管理，在思想和行动上教导员工。根据移动互联网的便捷、及时、简易的特点，企业应切实为顾客创造超出预期的价值体验。为此要提高虚拟顾客体验价值，在购买过程中吸引顾客；增强顾客价值的总体整合，形成更高的顾客净价值；促进实体销售与移动互联网价值融合，形成互补的顾客价值体系。最后，互联网时代蕴藏更多的合作机会，互联网企业要审时度势，积极走出去开展内向型开放式创新，在互联网条件下顾客改变了传统的消费者购买决策过程，以顾客体验价值为中心，并贯穿于消费者购买决策过程之中。为企业寻求更多的合作机会，协同效应下发挥自身优势最大化，由此赢得市场。

综上所述，在此案例研究过程中，海尔的"人单合一"虽容易给人造成些许迷惑，例如人们很容易把"人单合一"理解为承包制。事实上，海尔"人单合一"双赢管理模式体现了企业的管理哲学，体现了海尔对于互联网时代变革节奏的把握、对于人力资本价值的尊重和对于用户创新的理解。当然，以"人单合一"作为新的管理意象来概括海尔的管理模式，可能并不全面涵盖，因为海尔的管理体系是一个历史积累的过程，体现了企业对于时代节奏的把握。只有通过管理模式的探索，才能不断进行创新创业，才能引领海尔的持续变革。在未来研究中，应该注意变革管理的"矛盾性"研究。变革是"矛盾"管理的过程，冲突的解决并不意味着一定要剔除矛盾，而是构建一种更加可行、更加确定的管理意象，促进变革的实施。

第二节　华为的灰度管理理论

一、灰度管理的内涵

1. 灰度及灰度管理的含义

灰度，与非白即黑、非此即彼的思维方式相对应，指的是一种非白非黑、非此非彼的模糊的状态。灰度是经过一段时间内各种要素相互影响，最终达成的一种均衡稳定的结果。灰度管理从对自然和物理学世界中黑白颜色之间的变化与过渡中获得灵感，用以理解动态复杂组织环境与管理生态中，组织领导应具有的哲学思维、价值观与管理策略。

华为的任正非认为："一个清晰的方向是在混沌中产生的，是从灰色中脱颖而出，方向是随时间与空间而变的，它常常又会变得不清晰，并不是非黑即白，非此即彼。合理地掌握合适的灰度，是使各种影响发展的要素，在一段时间和谐，这种和谐的过程叫妥协，这种和谐的结果叫灰度。"[①] 灰度是任正非认知、洞察、适应与改变管理世界的出发点与坐标轴，并完善为一套系统的管理哲学与方法论，用以指导华为的成长与管理并发展为华为的"灰度管理实践"。[②]

---

① 任正非这段关于"灰度"的观点，见于 2009 年 1 月 15 日在企业内部发表的《开放、妥协与灰度》一文中，后来在许多研究华为的著述中被引述。

② 吴春波. 华为没有秘密了 [M]. 北京：中信出版社，2020：12-24.

从企业管理的角度来看，灰度管理是以开放、妥协、包容和自组织为核心，表现为企业的生存环境和未来不确定性以及多元的常态存在，一种具有高度灵活性和人性化色彩的柔性管理文化。企业的管理者把握好灰度，做好适度的授权和让渡，便可事半功倍，提高管理效率；企业员工把握好灰度，做好适度的妥协和包容，便可化解矛盾，缔造和谐的人际关系；企业的发展把握好灰度，便可在复杂的市场环境下，规避风险，稳中求胜。

2. 灰度管理思想四要素

灰度哲学，既来自华为的经营管理实践，并在实践中丰富和提升，又反过来指导华为的经营管理实践，同时接受华为经营管理实践的验证。通过对前任的研究和笔者自己的领悟，灰度管理的核心要素可以总结概括为开放、包容、妥协和自组织。

（1）灰度中的开放进取

开放进取一直是华为公司的核心价值观念，华为公司本身就是一个有较强创新能力和创新意识的公司，还一直强调开放的意义，开放难道有这么重要吗？其实，正如任正非说，由于成功，我们现在越来越自信、自豪和自满，其实也越来越自闭。我们强调开放，更多一些向别人学习，我们才会有更新的目标，才会有真正的自我审视，才会有时代的紧迫感。与时代同频，才能让公司有更大发展，如果只局限于自己的一点小成就中，始终是要被时代所抛弃。同时，开放进取也是华为选人的重要标准之一，一个不懂得开放和进取的应聘者，是不可能成为华为员工的，这也是华为 30 多年的重要经验。

（2）灰度中的包容

包容所体现出来的退让是有目的有计划的，主动权掌握在自己的手中。无奈和迫不得已不能算包容。人与人的差异是客观存在的，所谓包容，本质就是容忍人与人之间的差异。不同性格、不同特长、不同偏好的人能否凝聚在组织目标和愿景的旗帜下，靠的就是管理者的包容。一旦同人打交道，包容的重要性立即就会显示出来。人与人的差异是客观存在的，所谓包容本质就是容忍人与人之间的差异。不同性格、不同特长、不同偏好的人凝聚在组织目标和愿景的旗帜下，靠的就是管理者的包容接纳不同的人才和文化，容纳对立的意见，容纳不同的管理智慧，容纳和自己竞争的对手等。在华为的灰度思想中，不管是在内部的生产经营中还是对外部环境的洞察，都体现着包容这一特征。

（3）灰度中的妥协

"没有妥协就没有灰度。"妥协并不意味着一味地放弃或让步。明智的妥协是一种适当的交换。妥协其实是非常务实、通权达变的丛林智慧，凡是人性丛林里的智者，都懂得恰当时机接受别人妥协，或向别人提出妥协，毕竟人要生存，靠的是理性，而不是意气。妥协是双方或多方在某种条件下达成的共识。在解决问题上它不是最好的办法，但在没有更好的方法出现之前它却是最好的方法，因为它有不少好处。为了达到主要目标，可以在次要目标上做适当的让步。这种妥协是以退为进，通过适当的交换来确保目标的实现。在激烈的市场竞争中，难免碰到摩擦，如果一味地咄咄逼人，不肯让步和妥协，最后的结果只能是两败俱伤，华为深谙其中的道理，在和竞争对手的竞争和较量中懂得妥协和让步，最终获得很好的结果。

（4）灰度中的自组织

在自组织中，不存在外部指令，系统就能够按照相互之间的默契建构出某种规则，并尽职尽责、协调自动地形成有序结构。在华为的多年运营中，最能体现自组织的就是华为在国外市场的一次经历，那时华为苏丹代表处曾在一次投标中遭受重挫，这让代表处的员工们很受打击，经过认真反思，他们认为是运营模式上出现了问题。他们痛定思痛，率先提出了"铁三角"这一直接面向客户需求的运营模式，把销售力、交付力、产品力三者拧成一股绳，面对客户实现接口归一化，做到无论是产品介绍、销售，还是交付，都能实现统一标准，通过协力真正满足客户需求，成果显著，并逐步在整个公司推行。

二、灰度管理的产生与实践

1. 灰度管理的产生

华为公司 1987 年成立于深圳，经历全体员工 30 多年的共同努力，成为全球领先的信息与通信技术解决供应商，在电信运营商、企业、终端和云计算等领域为客户和消费者提供解决方案、产品和服务，业务遍及全球 170 个国家和地区，服务30多亿人口。近年来，尽管受到以美国为首的西方国家以莫须有的"安全威胁"进行非理性的打压和技术封锁，但公司坚持以客户为中心，以奋斗者为本，持续改善公司治理架构，创新业务领域和发展能力，公司在全球市场风险困境与新冠肺炎疫情中依然在不断成长，2021年实现全球销售收入6368亿元人民币，净利润1137亿元人民币，在收入有所下滑中净利润却大幅提高，先进经营性现金流597亿元，同比增长69.4%，且资产负债率仅为57.8%（见表6-2）。用华为首席财务官孟晚舟的话说："我们的规模变小了，但我们的盈利能力和现金流获取能力都在增强，公司应对不确定性的能力在不断提升。"[①] 在疫情与全球政经风险叠加的2022年，华为实现全球收入6423亿元，利润为356亿元，资产负债华为58.9%，净现金余额1763亿元，在面临西方封锁打压下，经营与财务状况持续稳健，具有较强的增长韧性与弹性。

表6-2　2017~2021年华为经营情况

	2021		2020	2019	2018	2017
	（百万元美元）	（百万元人民币）	（百万元人民币）			
销售收入	99887	636807	891368	858833	721202	603621
营业利润	19044	121412	72501	77835	73287	56384
营业利润率	19.1%	19.1%	8.1%	9.1%	10.2%	9.3%
净利润	17837	113718	64649	62656	59345	47455
经营活动现金流	9360	59670	35218	91384	74659	96336
现金与短期投资	65304	416334	357366	371040	265857	199943
运营资本	59122	376923	299062	257638	170864	118503
总资产	154184	982971	876854	858661	665792	505225
总借款	27465	175100	141811	112162	69941	39925
所有者权益	65040	414652	330408	295537	233065	175616
资产负债率	57.8%	57.8%	62.3%	65.6%	65.0%	65.2%

注：美元金额折算采用2021年期末汇率，即1美元兑6.3753元人民币。

资料来源：致良知书院.华为最全年报来了！2021年净利润增长75.9%，人均收入超80万元［EB/OL］. https：//baijiahao. baidu. com/s? id=1728730613462446891&wfr=spider&for=pc.

华为在中国企业管理创新实践的路上始终走在前列，并已在近年来成为通信

---

① 致良知书院. 华为最全年报来了！2021年净利润增长75.9%，人均收入超80万元［EB/OL］. https：//baijiahao. baidu. com/s? id=1728730613462446891&wfr=spider&for=pc。

设备领域中规模和技术实力强大的世界级企业。在管理研究上也贡献了丰富和创新的实践素材，得到国内学者和管理者持续而广泛的关注。在推行灰度管理之前，华为在一段时间实际上是完全"狼性"的军事化管理，极不"灰度"，面临着极端控制倾向、缺乏管理的柔性灵活等问题，灰度管理提出后，极大促进了员工的工作积极性和主动性，企业绩效不断提升、持续发展。

纵观华为 30 年的成长与发展历程，观察华为的经营管理实践，不难发现，灰度理论是贯穿始终的价值观与方法论。笔者在查阅相关文献和资料后发现，灰度正式出现在任正非的思想体系中，大约是在 2000 年。而 2009 年 1 月 15 日在全球市场工作会议上，任正非的讲话——《开放、妥协与灰度》完整地诠释了其灰度管理思想体系。灰度管理理论并不是任正非近几年提出来的，翻看《华为基本法》，其中的很多理念都蕴含着灰度管理的思想。

2. 华为灰度管理的实践体现

任正非说：任何事物都有对立统一的两极，管理上的灰色，是我们的生命之树。灰度思想的落地生根，为华为的成功奠定了基础，灰度思想不仅是企业的一种文化，已经渗透到了华为的方方面面，下面笔者将从华为人力、组织、外部环境入手，展现华为灰度思想的应用，方便读者更深入地了解灰度思想（见图 6-8）。

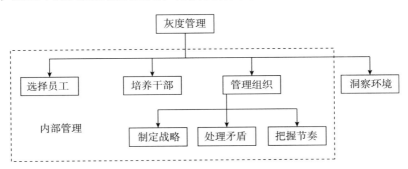

图 6-8 华为灰度管理思想实践体现

资料来源：作者整理。

（1）以灰度思想选择员工

发展是第一要务，人才是第一资源，创新是第一动力。党的十九大报告指出，人才是实现民族振兴、赢得国际竞争主动的战略资源。一个优秀的员工，一支优秀的队伍，对于企业来说是无价的。灰度选择员工，就必须摒弃非黑即白、爱憎分明、一分为二的思维方式，充分利用一切可以利用的人，与企业发展理念一致的员工，可以为企业高质量发展提供更强劲的动力。

对人的选择，是华为灰度管理重要的体现。什么是好人？什么是优秀的人？灰度在这里的体现就在于，对于优秀和平庸的人，我们力求用一种有效的方法来识别，不能放置在无标准或者僵化于某些咨询公司所给予的复杂到根本无法掌握的全才的标准中，在全面和无标准中，华为的五项素质评价，恰恰就是一种灰度，既要有清晰的用人标准，又不能复杂到无法掌握，抓住要点识别出领军人才，而不是面面俱到的乖孩子、小全才，要有个性，要有特长。人才的标准，就是要体现出企业竞争力的要求，而不是追求名校和背景，而要注重人才素质的本身。

当然，人是高级的动物，人和人之间存在差距，人性也是十分复杂的。那么在灰度管理和文化下，我们要做的就是激发人的正能量，抑制人的负能量。想拥有一支强大的团队，首先要有一个明确且正确的用人标准，只有这样，才能够行走天下，才能够成为一个成功的组织。在此标准下华为识别出了一批正确的人，而这些正确的人经过30多年的锤炼，逐渐成为公司的顶梁柱，这印证了华为30年来坚持的用人标准是正确的，而这套标准就是华为最宝贵的财富。

（2）以灰度思想培养领导者

华为的灰度管理在干部培养方面。任正非把灰度作为选拔干部的重要标准，同时也将灰度作为干部的领导力和经营管理能力的重要内容。要求干部不要非黑即白，要懂得适当的妥协与退让。最好的防守是进攻，人的管理要构建导向冲锋的机制，确保队伍为了胜利要不断进攻。而最好的进攻有时候就是战略性的放弃，对于高级干部，不要总想着进攻，有时候选择放弃更是一种智慧，为友商留下一些发展的空间，这是整个行业健康发展的必然，行业生态融洽，大家才可以在行业里持续发展，而不是恶性的竞争。

他认为："开放、妥协、灰度是华为文化的精髓，也是一个领导者的风范。"干部放下了黑白是非，就会有广阔的视野和胸怀，就能够海纳百川，志存高远。他所提倡的"砍掉"高层的手脚，实际上就是让高层管理者把握灰度观，形成灰度思维，并以此洞察人性，在混沌中把握方向，理性地处理企业中的各种矛盾与关系。在处理犯了错误的干部时，他也一直采用灰度的方式处理，在明处高高地举起拳头，在私下轻轻地放下安抚，既不一棍子打死，也不放任纵容，对事旗帜鲜明，对人包容妥协。

（3）以灰度思想管理组织

以灰度制定企业战略和目标。未来到底如何谁也无法预测，但是任正非通过自己的灰度哲学得出了一个重要的结论——方向大致正确，组织充满活力。为能够长期保持战略方向的"大致正确"，重要的原因是任正非的"灰度管理哲学"，"坚定不移的正确方向来自灰度、妥协与宽容"。面对黑天鹅，面对灰犀牛，面对蝴蝶效应，既不盲目乐观，也不盲目悲观，未来有阳光灿烂，也有疾风骤雨，既不"左倾"冒进，也不右倾保守。有灰度，方能视野开阔，把握不确定性，看清未来的方向，认清未来发展的战略目标。

以灰度看待企业中的矛盾关系。在企业经营管理中存在着大量相互矛盾和相互制衡的关系，如激励与约束、扩张与控制、集权与扩权、内部与外部、继承与创新、经营与管理、短期利益与长期利益、团队合作与尊重个性等。这些矛盾关系构成了黑白两端，像绞索一样折磨着企业家，逼迫企业做出极端的选择。任正非以灰度观来看待和处理这些关系，不走极端，不玩平衡，对内外部关系做出智慧的决策，其核心就是依据灰度理论，抓住主要矛盾和矛盾的主要方面，抓住"牛鼻子"，将这些矛盾变为公司发展的动力。

以灰度把握企业管理的节奏。任正非一直强调作为高级管理者在企业经营管理过程中，必须紧紧盯住三个关键点：方向、节奏与人均效率。当企业的方向大致正确之后，经营管理的节奏把握就成为领导力的关键。面对企业中的各种问题，性格急躁与暴躁的任正非肯定是着急，但在具体实施过程中他又表现出极大的耐力和容忍力。他在说的时候，是疾风骤雨，电闪雷鸣，但具体操作实施时，又能和风细雨，润物无声。这种着急和等不及、不着急和等得急就是任正非灰度管理的最好体现。华为公司治理框架如图6-9所示。

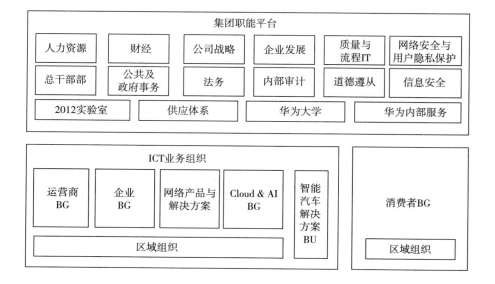

图 6-9　华为公司治理框架

资料来源：华为公司官网。

（4）以灰度洞察商业环境

任正非对外部商业环境是以灰度的视角洞察的，他从不抱怨外部商业环境的险恶，总是以乐观主义的态度评价宏观层面的问题；他把竞争对手称为"友商"，并把"与友商共同发展，既是竞争对手，也是合作伙伴，共同创造良好的生存空间，共享价值链的利益"，作为公司的战略之一。

商场如战场，在激烈的竞争环境中，既要实现自身的发展，又要做到尊重竞争对手，不落井下石恐怕不是一件易事。而根植于华为灰度思想中的"友商"思想是绝不允许类似事情的发生，华为是这样说的，也是这样做的。据官方报道，2019 年 5 月，华为与三星在全球范围内提起的一系列有关诉讼，已经得到全部解决。自此，三星（中国）与华为公司长达 8 年的知识产权纠纷正式达成和解。自 2011 年以来，华为和三星就专利交叉许可问题进行过多轮谈判，但一直未取得实质性进展。此后，双方先后在我国和有关国家分别提起诉讼共 40 余件。虽然，在通信行业中，专利诉讼的相关案例比比皆是，但结果往往是两败俱伤。

双方不仅要支付高昂的诉讼费，还要投入大量精力。

华为从全局考虑，为了公司业务拓展和国际化进程，决定妥协，"给双方都留些余地，退一步海阔天空"。最后，华为和三星达成和解协议，如今，双方成了友商，之间的关系从单纯竞争变成了合作竞争，这就是华为的"灰度"。

当然，在华为公司经营管理实践中，灰度管理理论不是放之四海而皆准的，不能灰度一切。"以客户为中心，以奋斗者为本，长期坚持艰苦奋斗"不能灰度；"厚积薄发，压强原则"不能灰度；"自我批判，保持熵减"不能灰度；"力出一孔，利出一孔"也不能灰度。对人讲灰度，对事讲绩效，讲流程。如任正非所说："决策的过程是灰色的，所以决策层必须有开放的大脑，妥协的精神，这样才能集思广益。但越朝下，越要强调执行。高层决策忌快忌急，慢一些会少出错；基层却要讲速度，讲效率。"也就是说，企业核心价值观、机制与运作、业务与流程、工作与效率等企业本源层面的问题不适合灰度管理，基层员工也不适合强调灰度思维。

三、灰度管理与中国传统文化

西方现代管理实践者德鲁克曾说：管理是以文化为基础来转移的，并受社会价值、传统、习俗所支配，因而管理越是能够运用当地的社会传统价值与信念，越是能够获得更大的成就。华为公司就是中国传统文化影响下成长起来的优秀企业，其领导者管理理念来源于中国传统文化思想的影响，华为公司灰度管理思想主要来源于道家思想的对立、转化和统一，以及儒家思想的中庸之道、和谐等。灰度管理实际上则是传统文化下的悖论领导力在管理中的具体体现。

1. 对立统一：适当灰度

老子的《道德经》提到"天之道，损有余而补不足。人之道则不然，损不足以奉有余"。在适度的竞争环境中充分发挥所有员工的主动性与创造性是度的把握。同样，《论语》中的"不得中行而与之，彼也狂狷乎！狂者进取，狷者有所不为也"。子贡问："师与商也孰贤？"子曰："师也过，商也不及。"曰："然则师愈与？"子曰："过犹不及。"这些都强调了"度"的重要性。

老子认为，万物禀赋阴阳相互冲撞激荡，形成新的和谐，再滋养万物。阴阳是截然不同的对立两面，但是它们彼此依靠、互相转化，并且处于不断地运动和变化之中，变化、刚柔、进退都包含于此。阴阳运动的结果是达到平衡，相互依存，相互抵消，使状态处于相对静止的状态。即"致中和，天地位焉，万物育焉；为中者，和也，中节者，天下之达道也。圣人之事也"。在领导者的管理中，阴阳思维是一种辩证的哲学思维，认为一切事物都包含着阴阳对立的两面，它们的表现是对立的，但是它们的关系是彼此相互为根、相互消长、相互依靠、互为动转的。在兼顾组织中矛盾力量的双方，可以阶段性地选择关注其中一方，之后再选择关注另一方，保证了"度"的拿捏，使企业发展的平衡阶段性地被打破，再平衡，如此动态往复，可以促进企业持续的发展。

任正非说："任何事物都有对立统一的两极，管理上的灰色，是我们的生命之树。"任正非曾经用中国传统哲学的太极八卦图阐述"灰度理论"：太极圈里的白鱼表示为阳，黑鱼表示为阴。白鱼中间一黑眼睛，黑鱼中一白眼睛，阳中有阴，阴中有阳。万物都在互相转换，互相渗透，阴中有阳，阳中有阴，阴阳相合，相生相克。一个组织的辉煌与衰落也都是同宗同源，互为因果的。灰度管理认为战略、人，都可以灰度，多些辩证分析；战术也可以适当灰度，随机调整；但是"以客户为中心，以奋斗者为根本，长期艰苦奋斗"的核心价值观是不能有丝毫的扭曲和变通；对人讲灰度，对事讲流程黑白分明，才能保证产品的研发、销售、交付、后续服务等不出差错。而对人要用两分法，用辩证动态的眼光去看，这样才能最大限度地开发人的潜能和创造性。强调变革和灰度的观念，在变革中不走极端，这是华为在 20 年的实践中总结出的经验，即适当灰度的原则。

2. 海纳百川：包容与接纳

"君子和而不同""天下一致而百虑，同归而殊途"，我国传统文化中的"有容乃大"，"海纳百川"更说明了接纳包容可以汇集不同，可以接受对立，能够包容和负载复杂多样的人事物类，使其和谐，生长繁息。接纳包容能够为企业获得竞争优势持续发展提供"厚德载物"的条件与环境。传统文化对于多元和不同的包容接纳，影响着华为的领导在面对复杂冲突时，能够抱有开放、包容和对话的认知和态度，他们拥有传统文化包容意识和良好的情绪管理能力，在面对不断出现的矛盾张力的挑战时，他们并没有选择简单的回避，或者二选一，而是开放、接纳包容并同时关注到对立的两极。接纳不同的人才和文化，容纳对立的意见，容纳不同的管理智慧，容纳和自己竞争的对手等。包容和接纳促进了企业的竞争优势与持续发展。

任正非在多次讲话中都提到灰度哲学是向所有的智慧开放，向最前沿的科学思想开放，向最新的技术思维开放。在企业外部，接纳竞争对手的挑战，把其看作合作与友商关系，而竞争排在了次要的地位；接纳产业链上下游的成本、利润和市场的对立的需求；在企业内部包容有个性、独立与有创造性的员工；对于不同文化背景的员工给予尊重与包容……正是他们采取开放和接受、容纳的态度，进而获得更多的思路与资源，一方面可以使自己打开思路进而产生创新，另一方面接收到对立面的资源与优势、作为统一体里的一端可以体验统一体的整体平衡。与此同时，华为主动提出建立反对意见的部门，包括对技术研发的反对，对组织管理方式的反对，对自我的批判和反对。华为主动制造矛盾和冲突，从认知层面挑战了人们的倾向保持一致的惯性与轻而易举的惰性，在不一致中发现新的机会，这实际上也是接纳矛盾的特殊和创新的表现形式。

3. 和合与共：协同与整合

"君子之于天下也，无适也，无莫也，义之与比。""天地和而万物生，阴阳接而变化起。"华为的灰度管理是一种兼顾矛盾对立两极的策略，对于相互冲突的两极，既不是简单地选择其一而忽略另一端，也不是简单地中庸表面和谐，而是关注到矛盾的两极各自的特点和优势，以及双方的相同和不同，然后把它们协同或是整合。通过各种因素的差异互补来寻求整体的最佳结合及平衡，对待矛盾持积极调和、平衡、合和。连接把矛盾变化的统一体看作相反相成、相辅相成的，突出整体力量，能够推动新事物的产生与发展。

在华为内部经常是部门与部门之间吵架，但在吵架的过程中，你会发现你跟周边部门越是吵，双方合作的一个紧密性越强。任正非认为，假如两根绳子直接放进去，并不产生交集，它依然是两根绳子，比较垂直化，但是由于中间有了灰度，所以两根绳子就会紧紧地缠绕到一起，一旦缠绕到一起，就会变成由两根绳子变成一根麻，对内来讲这是绑得更结实了。所以企业内部灰度管理将各个部门连接在一起，即使这两个部门在某些方面是冲突的，本是隶属于一个部门的员工，在有重大项目任务下达的情况下，也会被另一个部门当作资源使用。在利润分配上，采用全员持股而非上市，兼顾了个人和企业利益的对立两极的策略，将员工的人力资本与企业的未来发展紧密地结合在一起，因此将这看成一个良性的动态循环，公司的发展和员工个人财富的增值在某种程度上是对立的，但是在这种分配机制下形成了一个统一体。同时，华为还达成了内部融资，从而可以增加公司的资本比例，缓解公司的资金问题，保障了公司的最大利益。在企业外部，华为公司与产业链上的全球多家客户、竞争对手之间的关系通过连接上升到彼此依靠、互相促进的战略伙伴关系，打开了全球扩张的新局面。

开放、妥协和灰度是华为文化的精髓，也是领导者的风范。根植于中国传统文化和企业实践的智慧可以为企业具有竞争优势和持续发展作出指引，也正因为管理实践基于中国的市场和文化，相比于西方理论更具中国本土文化特征，可以更好地被我国其他企业所借鉴。

四、灰度管理的学术与实践价值

1. 灰度管理丰富和发展了管理哲学

在中华优秀传统文化的影响下，华为的灰度管理思想强调辩证平衡，指出"灰度"是黑与白之间能够平滑过渡的一种方式方法，启示企业要跨越"中间状态"的迷惘，领导者必须要在黑与白的融合之中找到自己的方向和路径，在各种复杂因素交织的运动中控制自己的步伐节奏。任正非提到好的管理要允许灰度存在，"这个世界，没有绝对的对与错，也没有绝对的好人与坏人，是一种中间状态构成了这世间的美，这个中间状态，就被称为灰度。而灰度的本质在于，关注人性、把握人性。"灰度就是对人性的深刻认知，人性就是灰度的底层逻辑，灰度对人性的深刻理解，正是作用于促使企业与个人共同实现成功的。并以华为自身的卓越充分说明了灰度管理存在的必要性，也启示我们管理上的灰色，才是我们的生命之树，要深刻理解开放、妥协、灰度并加以运用。

灰度管理同样丰富了领导理论的发展。提出的"灰度领导力"同样强调的是一种"度"，即对方向的判断、分寸的拿捏、火候的控制、时机的把握、节奏的掌控和管理艺术的最佳发挥，让管理者知道宽容是一种坚强而不是软弱。宽容所体现出来的退让是有目的的、有计划的，主动权掌握在自己的手中。无奈和迫不得已不能算作宽容。只有勇敢的领导者，才懂得如何宽容。同时要求企业家不断自我深刻变革，最终带领企业跨越"灰度时代"，从优秀走向卓越。

2. 灰度管理利于企业战略化成长

企业战略往往是在混沌中产生的，即从灰色中脱颖而出，方向是随时间和空间而变的，但它的常态是不清晰的，并非"非黑即白"的彼此，而是灰度。华为的战略导向有三点值得我们注意：一是在对市场、行业、技术等形势、大局、趋向准确判断的基础上，思考并形成整体性、系统性战略框架；二是居安思危，进行动态的战略调整和变革；三是坚持不懈地建设能力体系和平台，打造企业长治久安的能力基石。此外，就是不断以灰度洞察商业环境，不断适应内外部环境变化，找到适合自身发展的战略机制。如华为在第二次创业走向规模化经营时，面对的是国际强手，他们有许多十分宝贵的经营思想与理论供我们学习参考，华为就在吸收业界最佳思想与方法后进一步地提升，成为指导其前进的理论，以免陷入经验主义，这就是其妥协后的成功。灰度管理提供了不竭的组织智慧和正确的战略思维方式，助力于企业的战略发展与变化。更为重要的是，它是组织智慧生成的机制、程序和手段，是竞争能力的内核所在。

3. 灰度管理的激励与共赢

华为的人力资源管理体系走出了自己的一条路，华为在管理知识型员工、激励和约束知识型员工、回报知识型员工和建立分享知识的管理平台中，真正实现了对知识型员工的有效管理。在知识经济的时代，如何管理知识型员工在世界上都是未解的难题。我们去各个企业看看，管理最好的往往都是生产车间和后勤员工，管理最不好的就是坐在办公室看电脑的那些人。对知识型员工的管理是世界第一难题，但是华为灰度管理的人力资源管理体系却做到了对知识型员工进行高效的管理。从华为的经验来看，知识型员工管理的关键在于：是否真正重视人力资本，是否真正尊重和理解知识型员工，是否坚守客观、公正的组织规则，是否愿意投入资源长期进行体系建设，是否具备对知识分子的领导力以及与其沟通的能力等。华为用人的六条标准也为其他企业提供了一定借鉴价值，学习华为如何打造一支铁军。任正非对人性有深刻的理解，他善于把握知识分子的需求和管理底线，对知识分子既强调规则和制度化管理，又富有弹性和人情味，善用灰度艺术，因而能够对知识型员工进行有效的激励与约束。

华为灰度思想强调妥协，只有妥协，才能实现"双赢"和"多赢"，否则必然两败俱伤。因为妥协能够消除冲突，拒绝妥协，必然是对抗的前奏；我们的各级干部真正领悟了妥协的艺术，学会了宽容，保持开放的心态，就会真正达到灰度的境界，就能够在正确的道路上走得更远，走得更扎实。一般来说，公司在市场竞争中要么选择进攻，要么选择妥协；换句话说，要么竞争，要么合作。而与竞争对手合作共赢正是华为文化的一大特点，也是华为灰度管理思想的重要体现。在华为发展的前 20 年，华为为了生存、成为更好的服务提供商，主要采取主动出击的策略，任正非认为竞争的核心是尊重竞争对手。在与对手的竞争中，华为公司也懂得合作的意义，留下了许多佳话，也赢得了很多的"友商"。华为用其自身的发展充分证明了合作共赢的可行性及必要性。

4. 灰度管理引领企业走向成功

华为灰度管理模式成功的经验之一就是其海纳百川的包容与学习，不断学习优秀的先进的技术、知识和管理等。早些年任正非带队去 IBM 听管理介绍，他对 IBM 这样的大型公司的有效管理和快速反应有了新的了解，对华为本身存在的缺陷以及如何在扩张过程中解决管理不善、效率低下和浪费严重的问题有了新认识，对华为在未来的成长与发展过程中如何少走弯路，也有了新启发和思路。任正非认为，华为要发展到像 IBM 一样强大，不仅自己要以郭士纳为榜样，而且华为必须虔诚地拜 IBM 为师，不惜一切代价将其管理精髓移植到华为身上。这是华为成为"世界一流"企业的必经之路，唯有如此，华为才能逐步走向规范化、职业化和国际化。华为在自己管理模式基础上实现了与国际化管理相结合的方法。比如，华为管理模式中的对事负责制替代对人负责制，以分权制度替代集权制，这些都是大胆吸收西方先进管理模式，然后经过自己消化吸收，成为华为独特的管理模式，正是在吸收西方管理模式，经过自己的消化和创新，让华为走出了国门，走向了世界。华为不断的取长补短，兼收并蓄，对于指导我国公司的生产和运营有着里程碑式的意义，也为我国公司的"走出去"，赢得国外的市场奠定了良好的基础。

5. 灰度管理利于新时代企业的技术与高质量发展

华为参与国际竞争的优势就是其在通信行业方面的技术优势。而且华为始终把技术创新作为企业发展的重中之重。在进行技术创新过程中，紧跟世界先进的通信技术，不作重复的发明，不犯重复的错误，坚持技术创新引领企业发展，从而在世界范围内获得了巨大的竞争优势，启示我国中小企业要加强产品技术投入，创造出属于自己的专属品牌，才是成功的捷径。华为的"灰度思维"也有助于突破产业边界，为绿色技术提供路径探索。它启示我们要学会用"灰度思维"看待新事物和旧事物之间的关系，因为创新极有可能蕴含在过往的经验中。党的十九大报告指出，我们进入了新的时代，经济发展已由高速增长转入高质量发展，这对企业也提出了新的要求。创新是企业动力的源泉，一家不注重创新的公司，很难在激烈的竞争中立足。而如何平衡新旧技术之间的关系，也显得尤为重要。灰度思想的成功告诉我们，新兴技术在面对传统技术时应采取平衡、妥协和取舍，并保持谦卑和敬畏的态度。提示我们不要全盘否定旧的技术，在旧技术中找寻新的绿色技术，有助于企业绿色、科技和高质量可持续的发展。

第三节　东方希望集团的企业相对优势论

刘永行创建的东方希望集团，作为扎根制造业的民营企业先进代表，是伴随我国改革开放成长的第一批民营企业。集团秉持"减量化、再利用、资源化"

的循环经济理念，经过 40 年的发展，已成为集重化工业（矿山、发电、铝业、硅业、水泥、化工等 10 多个行业）、农业（饲料、养殖等）、商业地产为一体的特大型跨国民营企业集团，是世界十大电解铝及氧化铝生产商之一，也是世界上竞争力最强的多晶硅生产企业之一。

集团旗下有 300 余家子公司，遍布中国 28 个省、自治区、直辖市，以及越南、印度尼西亚、新加坡、柬埔寨等国家，员工总人数超过 30000 人。2020 年，集团营业收入为 1256.6 亿元，位列 2021 中国民营企业 500 强的第 52，2021 年实现营收超过 1800 亿元，位列中国民营企业制造业 500 强的第 28。集团在长期发展中，以"敬畏大自然"为最高价值哲学，建立了以相对优势为文化与经营特征，以效率和精益管理为运营管理核心的管理模式，通过事事追求点点滴滴合理化和中国本土精益化管理创造长期相对优势与竞争力。

一、企业相对优势的道与术

日本经营大师稻盛和夫指出，经营者的哲学和公司的业绩是并行的关系，企业可持续发展要做到"实行慎重坚实的经营"。被问及公司从养殖饲料行业进入铝业、化工等陌生且高耗能高风险产业，凭的是什么商业感觉，有什么自信做到"坚实的经营"？集团高管脱口而出"相对优势"（也即相对竞争优势）。纵观东方希望的企业发展轨迹和创始人刘永行的经营观，东方希望集团始终坚持创造"相对优势"的经营战略，有系统完整的"经营谋势"理论与方法。

1. 企业相对优势的内涵与原理

如果把东方希望的核心竞争力归纳为"相对优势"，可能很多人会认为这好像没有什么稀奇的，因为似乎任何一家企业都是或可以凭某种相对优势，例如相对成本优势、相对价格优势、相对规模优势等来赢得客户、赢得市场、赢得竞争，但这种相对优势都是短暂的、难以持续的。因此，它不可能作为一种战略能力或核心竞争力来运用。但如果你置身东方希望集团，梳理公司各种材料，接触公司的管理干部，就会发现打造和升级相对优势渗透在集团的各种细节里，进一步会发现我们常识理解的相对优势，与东方希望集团定义的相对优势有不同的味道。

东方希望集团创始人刘永行把能否确立相对优势作为自己进入某个行业的核心依据，打造形成相对优势企业生存发展的根本与关键。那么，相对优势的含义是怎样的？观察东方希望集团的经营管理体系、创始人的立身行事，相对优势起源于刘永行的"企业相对论"提出的"相对经济"①，就是立足产业与战略大势，相对地看企业，通过精益化管理、循环优化、协同集成，最大化获得并持续提升综合效率，以超越同行的效率塑造相对竞争优势。刘永行认为，相对优势的核心是"效率"问题，它是构成相对成本成就相对优势的核心，"其精髓在于把企业建立在市场经济、充分竞争的基础上"②。效率包括投资效率、生产效率、人力资源效率（劳动效率）、采购效率、转化效率、库存周转效率、财务效率等，其中最重要的则是人力资源效率。

上述有关企业相对优势的含义其实也揭示了东方希望集团成长领先和异业投资的原理。这个原理包括文化立势，好快省投资，高效领导，精益化管理，效率经营，从而获得相对优势竞争，我们可以用图 6-10 展示这一原理。

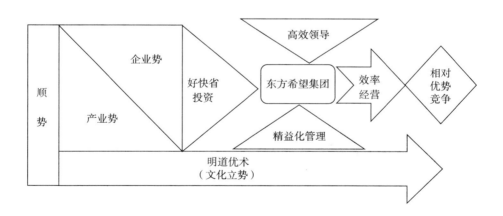

图 6-10　东方希望集团的企业相对优势竞争原理

资料来源：作者自制。

① 凌龙．刘永行说［M］．北京：企业管理出版社，2017：45.
② 凌龙．刘永行说［M］．北京：企业管理出版社，2017：152.

第一，东方希望集团以企业文化立势并一以贯之作为企业生存发展的根基，作为企业创造相对优势的根基。企业文化的哲理观念、价值观让企业坐得住、立得稳、看得远，经得起考验，这一点对企业积累、形成和拓展相对优势至关重要。因为相对优势不是企业一蹴而就的，需要水滴石穿的积累、需要上下同欲的聚合，更需要耐得住寂寞经得起时间的考验，没有或者不坚持"文化初心"，在相对优势形成的任何一点上都将"破功"。东方希望集团投身重资产的并容易受产业环境影响的传统制造业，要形成持续的相对竞争优势，更需要坚守良好的企业文化。"顺势明道优术"的企业文化让东方希望集团在为什么存在、从哪来到哪去、能做成什么等企业本质问题上走在正确的大势上面。抓住抓好产业大势和企业能力条件优势以健康的投资及精益管理创造企业良好发展的局面。

第二，健康的投资理念并做好投资管理是形成相对优势的基本面。在长期经营特别是向重化领域转型经营中，东方希望集团所确认和使用的投资理念对公司成功转型并获得后发领先优势非常关键。公司提出践行"既好又快还省"的投资经营理念。"好"主要表现在对大自然规律的顺应性上，还体现在技术先进和产品的优质上，体现在对一切资源消耗的低程度上。"快"是"还要消除一切形式的浪费"的同伴。它在消除了对时间浪费的同时，在能保证安全和质量的条件下，降低折旧费、减少财务费，提高人力资源效率，还能抢占市场先机，赢得更多的机会利润。一万年太久，只争朝夕。"省"就是"消除一切形式的消费"，一要消除认为贵的、大的、进口的就一定是"好"的片面想法；二要防止采用低质低价品，为产品"物美价廉"创造良好的成本条件，为社会的可持续发展尽社会责任。

第三，正确高效的领导是东方希望集团塑造相对优势的"头雁"。雁群能够安全、及时地南飞北归，头雁的领导居功至伟。东方希望集团有一个"百科全书"式的创始人，一个简练高效的领导团队和一套合乎大产业集团作战的领导管理体系。这三个"一"组合在一起形成一个强大的雁形战阵。刘永行作为集团的创始人不仅高瞻远瞩，有韧性与定力，而且深谙精益管理之道，极为擅长做"现场管理"与重大问题管控。东方希望集团的组织领导实行扁平化的片区管理，总部干部规模小权力分散，片区权责统一，自主经营，集中管控，对干部的经营与管理能力要求高且严，公司认为领导就是做正确的事就是顺势而为，顺势，就是要遵循正确的规律，制定正确的措施并及时落实到位。这就是做企业领导者的核心。最后，建立了领导管理、时间管理、标准管理、安全管理四位一体的管理体系和"榜样教师教练"的领导训导体系，确保公司的领导能够坚持公司的文化一体性，做正确的事，规制领导的艺术性。

第四，以点点滴滴的合理化推进精益化管理是创造相对优势的关键。有正确的道，有英明的领导，还需要优异的术和坚定的执行者。东方希望集团推崇并创新日本丰田的精益管理体系，刘永行认为精益化管理是市场竞争的必然要求，一个企业如果不加强精细化、规范化、合理化、科学化管理，就随时会被市场和消费者淘汰。要做到精益化管理就要把握五个理论，即优化流程减少浪费的价值理论；产品创造并增值的价值流理论；价值有效传递的价值流动理论；基于流程分工的工作质量需求拉动理论和基于标准不断改进和循环的尽善尽美理论。精益化管理不仅在生产环节要做到，而且在生产前端和市场营销，在产业投资与产业链上下游都要贯彻和不断优化。

第五，落子在效率经营上才是相对优势的"靶心"。无论是文化立势、好快省投资，还是高效领导与精益化管理，都是围绕如何最大化做到和做好效率经营，也就是相对优势的中心点。例如，好快省的工厂投资，做好工厂布局的精益求精，做到单位投入少、投产快、产销好，这样就比同行获得"投资效率"的相对优势。又如，以"吨均工资"测评工厂投资与运营的劳动效率和经营效率，人员报酬提高而吨产量工作含量低或不变（即吨工均资低）①，则该单位经营效率高，越超过同行就越能够获得相对优势。

二、相对优势的经营之道

企业相对优势原理体现了公司经营哲学，是经营之道的一部分。东方希望集

---

① 唐勇，王林农. 中国式精益化管理［M］. 广州：广东经济出版社，2014：106-107.

团的经营之道还包括以下两个方面：一是企业相对优势塑造要基于创造和不同价值的认识。德鲁克发出企业本质的三问——我们的事业是什么，我们的事业将会是什么，我们的事业应该是什么，是所有企业和企业家都必须时刻反思与回答的价值之问、责任之问。东方希望集团的顺势明道的哲学观念整体辩证回答了"德鲁克之问"，阐述了东方希望价值集团明道，即顺势不随流，明道而非常道，坚持诚信正气和正义。东方希望集团认为顺大势不等于"随大流"，大流往往是欲望膨胀的体现而非大势规律的反映。公司拒绝浮华的潮流、"装饰"的价值、潮流投资，要遵循大自然的规律，遵循科学原理，遵循经济规律，不人云亦云，并顺应社会发展与国家政策变化。在顺大势不随大流中确立东方希望集团的价值大道，同时要走合于大势，而又"非常路"——非常之路才创造非常价值。东方希望集团从创业、成长壮大到产业多元化，每一步的发展都是基于为客户创造更大的价值和行业竞争倒逼而做出走"非常路"的改变，创造了一个又一个令人鼓舞的战绩。最后，企业生存发展不仅需要正确清晰的道路，还需要立人达人的诚信、正气和正义，只有做到后者，事业与道路的价值才是"有意义"的存在，企业"生意"才有了"生命的意义"。刘永行说"东方希望的发家史就是一部诚信史，如果没有诚信，我们绝对不可能成功"。在公司文化体系中，诚信、正气、正义列为东方希望集团价值观念的核心。

二是，围绕经营效率把握复杂的经营关系本质形成聚势协同的力量。企业要围绕经营效率监控、调动和用好企业一切资源要素，提高经营效率，创造相对竞争优势。相对竞争优势的塑造除了把握效率本身的规律外，还需要把握好各个经营要素关系。首要的是把握好文化、经营与管理的关系。东方希望集团认为"顺势、明道、习术"的哲理观念处于先导之位，"诚信、榜样、相对优势、贡献"的价值观念体现人文中心地位，"既好又快还省"的投资理念和"领导、时间、安全"的管理理念作为先导和中心文化理念的左右手，驱动公司经营管理"取顺势，明大道，优管理技术，创造相对优势，贡献客户价值，成就实效领先"。然后是把握公司经营的具体要素之间的关系，东方希望集团提出把握好创造相对优势的"十大关系"①，即相对优势和绝对优势的关系、总部的统一集权和子公司自主管理的关系、保持传统和学习改进的关系、基础管理与经营运筹的关系、自由竞争与有序的市场控制的关系、有形产品和无形产品的关系、认真工作与用心工作的关系、合理化与最优化的关系、个人发展和集团发展的关系、现实目标和长远目标的关系。

三、相对优势的术

东方希望集团把效率竞争视为企业获得行业相对优势的核心能力，那么这个能力要是怎样实现的，或者说，集团把相对优势的理念落实经营中主要的方法或工具有哪些？带着这个问题我们开启了访谈、观察和案例素材挖掘，发现了东方希望集团创造相对优势的四大武器：效率投资、合理化与精益化、降低成本、产业闭环经营。

首先，在效率投资方面。东方希望集团在投资观念中明确提出企业投资经营要做到既好，又快，还要消除一切形式的浪费（即节省）。"好"指的是企业投资经营要达到技术先进、产品优质并有良好生态效益，即有好的效果，属于效率的"结果变量"，而"快"和"节省"则是单位效益的核心指标，也就是每个投入获得效果的情况，属于效率的"过程变量"（或手段变量）。东方希望集团每一项投资要消除对时间的浪费，做到"快"，在能保证安全和质量的条件下，建设快能早提折旧费、减少财务费。刘永行认为，如果集团建工厂时能做到"好快省"，就相当于"多融资"，项目建设投入使用快能节省折旧费和财务费还可以抢得市场先机，项目建设速度快一倍，投资费用省一半，就相当于融了75%的资本。

其次，在合理化与精益化方面。公司文化里提出"事事追求点点滴滴的合理化"，就是要从经营管理活动的点滴小事做起，抓住细节，让每件事更加合理，不断地改进优化，每件事都追求合理化，就不会浪费资源、污染环境，点滴进步

---

① 唐勇，王林农．中国式精益化管理［M］．广州：广东经济出版社，2014：77-80.

假以时日就能汇成巨大的竞争力量。例如，集团通过建立一套"连锁店"式的工厂谈判投资投产模式，使以前需要用 2 年时间投产达效的投资项目，变为只要 100 天即可投产，时间为原来的 1/8，其核心的改进就是通过公司内部高端专业化生产和部门高效协同，变过去的流水线串行投资为瀑布式并行投资，大大节省了时间和费用，提高了投资效率。合理化是集团精细管理提高效率的一个方面，集团精细管理更为重要的做法是推行精益化管理。刘永行认为精益化管理是市场竞争的必然要求，精益化管理才能提高产品的价值含量，增强企业的价值竞争力。他认真考察了丰田的精益管理实践，总结了精益化管理的精益价值理论，并用于东方希望集团生产经营的各个环节。例如，工厂的精益布局，要做到厂区占地小节省用地，主生产场地和设备集中效率越高，集中管道投资越少，动力损耗越少，这样做的结果就是达到了"好快省"的效率投资效果；又如，生产管理上要养成"拿数据"说话的习惯，特别是管理者要清晰准确抓住数据，把数字看活，发掘数据背后的意义，用数据而不是经验更不是感觉指导决策，在东方希望集团曾经流行一句话"天不怕、地不怕，就怕老板（刘永行）打电话"，因为电话响起，下级要快速准确地报数据，并且要分析数据背后的意义。通过抓关键、抓细节、抓执行、抓改进，东方希望集团成为中国式精益化管理的典范。

再次，在降低成本方面。就企业之间竞争优势建立而言，最明显最直接的做法还是降低成本，这一点对于东方希望集团这样投资于重资产的企业而言更为重要。对成本的控制，降低"吨均费用"，节省包括投资、宣传、管理甚至小车费、客餐费就是在提高"成本效率"。刘永行践行去除一切形式的浪费，要在公司经营管理各个细枝末节做到成本节约，能够标准化的标准化，能够合并利用，尽可能合并使用，提高一切资源的综合利用率。刘永行要求公司上下管理人员必须学会成本管理，他亲自示范公司食堂购买冰箱的节省费用的成本管理，示范公司库房建设科学精简设计节省成本的做法，在检查下级工作时，各级经理要能清晰汇报成本效益各项数据和相互关系，明白数字背后的意义。

最后，在产业闭环经营方面。东方希望集团坚持三个原则构建集团产业链闭环，打造全产业链或上游产业链相对优势。这三个原则是专业化经营、稳步扩张、向上游扩张。一是专业化经营，东方希望集团不排斥多元化投资甚至偏好多元化投资，多元化投资的大忌是多元化经营，多元化要做到的是专业化经营。东方希望集团进入任何一个新的产业前都会长期谋划、试点投资和试点建设，掌握这个产业发展的精髓，同时在此基础上提高该产业运营标准和效率，使自己成为新产业的"经营专家"。二是坚持稳步扩张，集团的重大投资极少使用并购手段而是自己建设，步步为营，逐步进行产业化扩张。例如，公司进入铝电产业是先通过投资山东信发希望铝业获得经验后再在包头进行规模投资。三是向上游扩张，让原来上游外部市场成为公司的内部市场，通过外部性"内部化"，盘活产业链的资源，形成完整的产业技术链条，提高企业竞争的技术门槛，争取公司获得产业链的相对优势。

四、企业相对优势论的产生与实践经验

东方希望集团自主形成的相对优势管理论与创始人刘永行丰富创业与商业实践经历密切相关，也是希望系列公司创业、成长和领先发展的缩影。

1. 刘永行的商业实践与相对优势论产生

1982 年，刘永行四兄弟在前期探索无线电创业受挫后，从养鹌鹑卖鹌鹑蛋方面发现了商机，并精确计算出了鹌鹑饲养成本和鹌鹑蛋价格涨落之间的盈亏平衡与利润率，凑齐 1000 元钱作为创业资本饲养鹌鹑，通过资源拼凑满足创业经营所需并取得了盈利，并且通过滚动发展发现"直到创业成功，开始能赚钱了，我们只花了 720 元，还有 280 元没有用"。刘永行形容首次的创业成功是"非常微不足道的事情"，"但是从长时间来看，这样的微不足道积累起来就可以变成比较大的事情"，他还指出"从 1982 年开始养鹌鹑，什么事情都自己做，并且很多都是用废品来做，根本买不起新的，我们用最低的成本、最少的投入，尽可能地达成目标"。初次创业到现在 40 年过去，刘永行的东方希望集团规模一扩再扩，但"既好，又快；还要消除一切形式的浪费"的经营观念却是在创业之初就定下的，经营精细化，生产精益化，节省成本，这些后来相对优势论中的经营要点都能在其初次创业与后来不断扩大再生产的商业实践中找到无数的例证。

在鹌鹑饲养创业成功后，1989 年刘永行兄弟转入对动物饲养更加重要、竞争更加激烈的上游产业——饲料业。进入这一行业后他们继续坚持成功的商业经营经验，尽量避免贷款特别是风险大的贷款，坚持看准机会快速投入，少投入快滚动，现款发货避免或减少呆账坏账风险，消除各种资源浪费，提高资源的经营效率。他说"比如说 100 亿元的资金，其中有 50 亿元浪费，人家看不见，但我们看得见。我们把浪费消除了，那么我们只需要用 50 亿元，这就相当于别人的融资。又比如别人需要 3 年来完成的事情，我 7 个月把这件事完成，那么这 3 年的财务费用我也把它降了，你用有限的资金也可以做更大的事情"。

在做好投资经营决策与实施的同时，创立"希望饲料研究所"，围绕饲养对象特点、养殖户需求研制出性价比高、投效比高并达到外资企业技术水平的动物饲料配方品种，具有技术核心竞争力。进一步，为使各种配方品种饲料保产报销，刘永行深入钻研从工厂管理到商品流通各环节的管理活动，狠抓生产过程管理与质量品控，力推精细化管理，提高劳动效率，减少浪费，降低成本。受益于 20 世纪 90 年代美国考察国外饲料企业高劳动生产率，低物料消耗的经验启示，1995 年刘永行以上海希望为切入点推动生产经营的精细化管理，尽管该公司当年员工 400 多人完成饲料产销 10.8 万吨，盈利 2800 万元，但核算其当年人员工资与物料浪费 500 万元。因此，提出减少 500 万元浪费的精细化管理指标，通过一年多的精细化改造，该公司人员用工减少了 3/4，五金物料节省了 80%，每月用水由原来的 1 万吨变为 200 吨左右，但达成了同样的盈利①。这就是减少浪费，提高资源利用效率，增强相对优势的经典案例之一。这也进一步坚定了东方希望集团大力推进"对标先进，寻找差距，确定标准，不断改进，达成目标"的精益化管理模式。

东方希望集团比较系统地形成相对优势论的时期，是刘永行进入以铝业为代表的重化工业后。1995 年刘氏兄弟的希望集团进行了重大的公司治理改革，开启各自奋斗发展新事业的时代。刘永行一直冷静研判分析中国和全球的工业原材

---

① 凌龙．刘永行说［M］．北京：企业管理出版社，2017：116-117.

料与生产制造之间的产业变化与价值链的影响机理，经过反复权衡确定投入多数人不看好但却是工业制造"口粮"的工业原材料产业领域。他反复分析了工业原材料领域生产制造的SWOT特点，初步确定了"敬畏自然"减少索取，减少浪费，顺势而行但不走常路，诚信正直正气经营和精益化管理的发展思路。从2002年合资入手山东信发铝业开始，正式转型进入重化工业，并于同年在包头市兴建"希望工业园"，投资100亿元，建设100万吨铝电一体化项目。从那时开始，东方希望集团陆续在内蒙古、河南、山西、重庆、新疆等地投资建设了重工业工厂，产业涉及大型发电、氧化铝、电解铝、工业硅、多晶硅、水泥、化工等。刘永行最终进入了他的最理想之地——新疆是在2010年，在此东方希望集团进行了战略性投资经营，打造"六谷丰登"产业，形成多产业生态闭环、混业经营、资源循环利用的循环经济生态。在不断地跨业经营创新性探索，并在多个行业领域后发领先后，集团的相对优势论日趋成熟，相信"观念是生产力"，提出了相对优势论的"四梁八柱"，即哲理观念、价值观念、投资观念、管理观念和安全文化，并形成了完善的相对优势管控体系和运行做法。

2. 东方希望集团相对优势的管理方法与经验

企业文化和公司的经营理念在每家公司的落地，需要有效的领导推动和高效的管理执行。东方希望集团在贯彻顺势明道的文化和相对优势的经营理念方面，通过长期的探索，结合公司实际形成了"量势而行"的管理方法：以标准管理为抓手、领导管理为主导、人力效率为中心、数字赋能为飞翼的管理行动模式。

（1）塑造标准管理的优势

在东方希望集团的访谈和考察中，给人非常深刻的管理印象便是"标准管理"，大到工厂的投资和设计，小到公司工作位设计甚至卫生间的设计；上到公司领导层管理决策，下到一线员工的工作开展，让你感受到这间公司处处可见的"量化科学管理"和时时必用的"标准动作"。为什么要推行这么极致化的标准管理？通过访谈和相关素材整理，可以看到这一条清晰的逻辑：标准管理—实时可控、减少浪费、节约成本、减少失误、提高质量、便于复制—达到精益管理，形成高效率，获得优势利润—创造行业相对优势，形成领先竞争力。

在长期经营与竞争中，东方希望集团认识到只靠规模、靠总量、靠技术不能形成长期的相对优势，甚至会因为短期取得优势的沾沾自喜，而导致公司无法获得长期优势乃至危及公司生存。必须通过在管理效益上做文章，能够形成系统化、可控制、可复制的管理标准，提升经营的综合效率。用刘永行的话来说，东方希望集团要变"炮弹式管理"为"导弹式管理"，前者虽然有目标，但打出去后就无法控制它的精度继而无法保证命中目标，后者不仅有目标，而且打出去以后可以根据情况变化，不断修正弹道路线，最后精准命中目标。所以，公司从上到下的各项管理必须有目标、有标准，可实施、跟踪和修正。进一步讲，什么是好的标准？集团提出好的标准是要"看得见、摸得着、算得清、做得到、及时性"。通过不断实践，东方希望集团形成了具有特色的"标准管理方程"（见图6-11）。

图6-11 东方希望集团的标准管理方程

资料来源：东方希望集团官网。

在标准管理方程中，公司强调标准由领导制定，但鼓励员工参与制定和修改标准，标准不是固定不变的，一定时期内工作达到了标准或超过了标准，领导就要及时更新标准，所以"标准"二字用虚线框了起来；强调引进国际、国内先进的标准，把行业内最优秀企业的先进标准引进来，为我所用，变成我们的执行标准，培训员工，集众家所长于自身。东方希望集团推行从工艺设计到产品生产、运营管理到职能管理、上游采购到下游经销、物料管理到人员管理等在内的全产业、全员和全过程标准管理，建立从"做正确事"到"循环优化"的标准管理闭环。

（2）做好领导管理导向优势

在如何做好领导这个事情上，东方希望集团的理解有着源自自身文化的独特理解。东方希望集团认为领导是"领袖"而不是"官员"，他不是权力的化身，而是榜样、教师、教练。领导者既有具有价值观高度和引领性（领子），还要有袖子（管理）的标准以及领子与袖子的团队协同作战能力。通过调研可以发现，与许多领导理论和企业实践对领导的"领导力"、战略决策力等引领性、影响力的强调不同，东方希望集团更强调领导的执行力和管理控制力，这一点可以从公司文化中对领导名称表述——"领导管理"看出来。进一步，集团对领导的第一项管理要求是"制定标准"，公司所有生产经营环节要尽可能建立标准，领导要做好标准的引进、建立和修改工作。接着就是按照价值观和标准挑选和培训员工，再接下来做好规划，按照规划和标准推进工作。制定标准，培训员工和规划执行是领导标准管理的例行性工作，除此之外，公司也预料到标准不能，也不应一成不变，标准也不能"包管"一切，不能"刻舟求剑"，所有领导要在标准例行之外，做好"例外管理"，即当政策发生变化或者发生灾害等突发事件，员工难以再按原来的标准操作时，领导干部要及时主动挺身而出，善作决断，正确的管理例外。

为了把管理工作做好，集团还要求领导者要做好时间管理和数据管理。关于时间管理，公司从安全性、重要性、时序性和经济性方面提出标准，这背后其实是集团文化与相对优势经营思想对"效率"的追求——"效率是企业生存最根本的法则"。关于数据管理，东方希望集团实际上是行业最早，甚至率先要求领导者做到和做好"数据"管理的公司。创始人刘永行自己就是个习惯和善于积累、分析和应用数据进行管理的高手，他能轻松地识别和掌握集团公司、子公司、工厂、车间，甚至厕所各种数字真实性、有用性，分析数字背后的成本含义、效率内涵、利润效应、经营健康性，继而做出决策，指出问题，提出要求。以 2002 年包头建设希望铝厂为例，当时中国电解铝行业的人均产能为 30 吨，大家认为新工厂人均提高到 60 吨在国内就是优秀的，而刘永行认为国内的人均应然产出效率完全没有发挥出来，只是世界平均水平的 1/8 不到，差距太大，他坚持投产就要达到人均 300 吨，结果不仅达到预期，而且后来做到了人均 480 吨，是世界平均水平的 2 倍。

（3）做优人才管理形成人力效率优势

集团认为人的潜力是无限的，公司的很多员工都可以成为优秀的总经理，集团应该努力发现、培养和给予他们机会，"用普通人才创一流业绩，才是我所追求的"，刘永行说。东方希望集团在人才管理上形成合乎自身文化和经营战略的做法。

一是用人用过程用潜能。集团充分考虑到员工成长成才是一个长期过程，公司创造和提供阶段性、进阶性的平台、机会，让员工充满希望和进步动力。在用的过程当中充分激发激活员工潜能，让他们突破自己的能力范围和界限，并对突破潜能的员工给予超出其预期的激励，从而鼓励每个人敢打敢拼，坚信"爱拼才会赢"。公司有三个初中文化程度的驾驶员通过用心做好本职工作，关心公司业务，积极学习上进，在给予适当机会干得"出彩"，最后提拔到子公司总经理的岗位。这是用过程用潜能非常励志的案例。

二是用"外行"不用"内行"。在领导者能干，公司有比较成熟的投资与管理理念下，用外行比内行更容易出成绩，内行的思维、做法已经套路化、固化，在竞争激烈的市场和公司不断提高的内部要求下，他们很难出新，而外行则与之相反，没有框架和同行经验束缚，敢于创新，产生出其不意的效果。当然，外行必须要和内行结合，注意内外行的人员比例、相互关系。

三是竭尽所能提高人力效率。在对东方希望集团的调研中，"效率"是被提到最多的管理字眼之一，其中作为关注的又是人力效率（在相当大程度上也就是"人均效率"）。刘永行认为，公司所有效率中，人力资源效率是最核心的，是创造相对优势的关键。早在 1992 年，他去美国考察饲料行业，通过对比发现尽管当时国内同行员工工资只是美国的十几分之一，但是每吨饲料的人工成本（工资）居然相差无几（美国是 6 美元/吨，国内是 50 元/吨），这意味着员工的单位劳动生产率或产出率太低。后来,他把人力效率,即人员高效利用作为人力资源管理的中心问题来抓。重点从四个方面入手:一是抓住标准管理做好效率考核,用效率指标和成本指标来考核部门与员工,重点关注每万元或每吨的工资含量(即"吨工资");二是提高人均工资减低吨均费用,同时改"年终奖"为"年中奖",及时有效激发员工的工作积极性和工作效率;三是营造人才发挥才能提升效率的工作环境,如良好的文化氛围、简单正向的人际关系、目标与竞争驱动、高频次的培训学习氛围等;四是扁平化的组织管理提升管理效率,公司实行组织的四层"条线管理",即一线员工、二线班组长、三线车间主任或相应部门层级、四线即时总经理,实际上前三条线基本就在一个单元里面,然后就是集团最高层。这种扁平简练的组织模式大大节省了沟通成本,提升了人力工作效率。

(4)数字化赋能凝聚新优势

"我们这家企业是非常重视数字化的,把数字化当成一把手工程来进行推动我们数字化的建设。数字化解放了生产力,对企业的赋能带来了企业竞争力,创造了企业的相对竞争优势。",集团负责数字化业务的高管在谈到公司数字化运行时说。他进一步说东方希望集团是行业内最早重视信息化数字化建设的公司,目前也是行业内数字化投入和运营经营领先的企业。公司目前专门从事数字化系统建设与应用的团队有300人的规模,这在同行公司是很少见的。并且公司的数字化推动得到全司员工支持,甚至数字化需求是由基层员工首先提出和推动的。

那么,东方希望集团为什么这样重视数字化系统建设?其实原因不难理解。数字化高度契合了集团对效率和相对优势的追求与获取。从最直接的操作层面来讲,数字化系统建设是公司标准化和量化经营的必然选择。这一点从公司高层在确定数字化赋能要达到的标准或目的可以看出来,公司认为数字化建设要合乎五个维度的标准,即数字化后能否提高人力效率,降本增效;业务是否更加规范;管控是得到加强;是否可以为经营管理提供预警;生成数字报表能否为管理者提供决策。有了标准后,集团为了在整个系统有力有效地推动数字化建设运营,不仅直接成立数字化部门,而且把数字化能力作为管理者的基本素质要求,进一步，公司将数字化建设与应用作为"一把手工程"，集团每年拿出 10% 的绩效用于考核部门和管理者的"数字化完成能力"。目前，集团实现了数据互联互通互控，基本形成管理闭环，80% 以上业务线上化，在钉钉平台的移动应用已经突破45 个，每个业务板块基本实现闭环移动管理。

公司的数字化建设确实为集团的发展带来了效率提升与能力增强。数字化建设缩减了管理层级，没有纯行政管理人员，没有副职管理岗，从原来的 7 级管理简化为不超过 4 级管理体系，大大提升了管理效率。通过大幅投入物联网建设，集团有近 200 万个传感器，相当于现在已经连接 100 万个测点，大大提升了公司的设备利用效率和安全监控效率。同时还解决了一些以前难以监测或高难监测的安全管控死角，例如，对电厂高压线的安全性监测，现在使用无人机巡检，获取数据并自动检测，做到了安全、高效和实时。数字化不仅赋能了集团的内部效能提升，而且赋能了上下游合作伙伴互动效率提升。过去，供应商材料金库需要经过许多人工检验和交接环节，效率较低、容易出错，易滋生幕后交易，现在通过数字化实现了基本实现了无人值守，自动验货、自取单据，解决了上述问题。不仅如此，集团甚至成立了网络货运公司，实现材料与成品运输的自主，提高效率节约费用，提升了公司对客户的吸引力和竞争力。

五、企业相对优势论的学术与实践价值

东方集团自主探索和实行的企业相对优势论，为集团的经营、成长和实效领先提供了理论指南与实践方法论，集团从饲料养殖行业向重化工业转型，从单一业态到多业融合发展，都受益于相对优势论的指引与执行，集团在铝业、建材、多晶硅等领域都成为国内乃至全球有重要影响力的公司。企业相对优势论不仅在实践方面证实其生命力，在学术方面也具有其理论价值及启发性。

1. 形成了动态辩证的竞争优势理论

东方希望集团的相对优势论即相对竞争优势论，始发于刘永行对"相对经济"的认识，这个认识与经济学、管理学中的"比较优势论"有高度的契合性，在其不断的实践与自主性经营理论探索中，他又融入了产业条件、成本、精益管理、投资效率（效益）、先标学习、循环优化等管理与管理变革要素，使其与动态能力竞争优势理论有高度的契合性。在此我们先对竞争优势相关理论做一个简要回顾，由此探讨东方希望集团"相对优势论"的学术价值。

针对从国际贸易角度提出的比较优势理论无法深入解释跨国企业的价值创造与竞争力获得的"黑箱"[①]，美国战略管理大师在部分吸收比较优势理论思想基础上，提出了基于钻石模型的竞争优势论，架起了从宏观经济（政策）、中观产业条件（生产要素）和微观企业战略及同业竞争的企业成长与竞争的桥梁，为解释企业如何制定战略和获取超额利润，提供了分析依据和框架。[②] 但其对企业获取竞争优势获取的分析总体仍然停留在宏观层面，对企业从内在资源结构和能力结构方面如何获取竞争力缺乏深入充分研究，对企业竞争优势分析框架属于一种静态均衡分析，缺少动态演化的分析，与商业竞争发展的实践场景存在明显的鸿沟。

基于此，后来的研究者进一步探索企业竞争优势的来源，特别是 Prahalad 和 Hamel（1990）提出了企业竞争优势来源于企业内生的"核心能力"——组织中的基础、核心与集成知识与技能，打开了企业竞争优势的"能力黑箱"，后来 Teece 等（1997）演化经济学、资源观和核心能力理论结合起来，分析了高度竞争环境下企业竞争优势源泉的问题，并提出一个动态能力竞争的分析框架，指出企业在市场需求、技术变革，以及未来竞争和市场格局快速变化中，通过组织与管理过程、位置关系、路径的不断调整、创新形成适应动态变化环境的核心能力并持续迭代，以此获取和保持自身的竞争力。动态竞争优势理论，从核心能力的动态变革与资源整合提出的竞争优势对于指导企业成长具有实战意义。但是这一理论过于强调变化与改变，容易使企业陷入追求短期效应、盲目改变的"盲动主义"，且企业面对复杂的动态变化因素如何做出合理有效决策，这一理论并没有给出"情境选择性"的答案。

东方希望集团的相对优势论，它实际综合了比较优势论、（波特）产业竞争

---

① 李曼．比较优势理论与竞争优势理论关系探究［J］．国际商务研究，2008，6：19-22.

② 马刚．企业竞争优势的内涵界定及其相关理论评述［J］．经济评论，2006，1：113-121.

优势论、动态能力论的许多有益要素，又基于长期的商战实践和企业转型发展、产业投资实践，提出适用本企业长期发展与获得领先优势的竞争优势论。这一竞争优势论特点体现在三个方面：

一是吸收外生强化内生的竞争优势。刘永行在产业投资进入和区域投资选择方面全面综合地分析外部资源条件对于东方希望集团相对竞争优势形成的作用，且外部资源条件要能够为东方希望集团所吸收，强调外部资源好与不好是相对的，能转化为提升东方希望集团经营效率并"没有浪费"的资源条件才是有竞争优势的资源。东方希望集团从事制造业特别是重化工制造对产业条件、机会、政策、市场等外生资源与条件的依赖是显然的，但企业主要依靠自身的资源、能力和能动性来获得发展，来适应乃至引起外部环境的变化，也就是变"他势"为"我势"。集团在新疆准东地区搭建的"六谷丰登"循环经济产业布局与融合发展生态，充分体现了其构建产业相对竞争优势的思考与实践。

二是强调企业自身能力的动态性、渐进性改变。公司主张通过从个人到组织，从班组到工厂到公司，从价值链的支持性活动到辅助活动都不断追求精细化和优化改进，认为追求点点滴滴的合理化，是管理工作的根本。经营管理的事事和点点滴滴两个修饰词，是指追求没有遗漏的、深层次的合理化，合理化了还要追求更合理，永远持续下去，没有尽头，如果企业每件事都追求合理化，就不会浪费资源、污染环境，企业的竞争力就越来越强。

三是辩证看待和做好竞争优势的累积。这是东方希望集团相对优势的最鲜明特点，也是"相对"的体现。刘永行认为办企业"处处都有相对问题，任何环节都可以找出相对来"，如相对从成本、相对财务费用、相对原材料价格优势、相对能源优势、相对固定资产投资优势。对技术的追求也是追求相对技术，即追求适合本企业的技术而不是盲目追求先进技术。为使企业正确地把握和应用相对优势理论，刘永行提出认识和把握经营管理"十大关系"，即相对优势与绝对优势的关系、总部统一集权和子公司自主管理的关系、保持传统与学习改进的关系、基础管理与经营运筹的关系、自由竞争与有序的市场控制的关系、有形产品和无形产品的关系、认真工作与用心工作的关系、合理化与最优化的关系、个人发展和集团发展的关系、现实目标和长远目标的关系。从相对优势角度来说，一个企业作为后发者进入（新）行业处于后进也具有"相对性"，后发企业摆正心态"甘然后进"，可以充分学习以前企业的经验与教训，没有负担地试验、引入布局更新的设施、设备、技术和人才，学习先标，不断创新，形成自己的标准体系，后进企业完全能够追赶并成为"先进"。一个已经成为先进（已有相对优势）的企业，如果不能持续发现问题，发现差距，持续创新，做好循环优化，那么相对优势也是相对劣势，也必然会因为核心能力的丢失而转为竞争劣势的企业。

2. "效率"是构建竞争优势的核心着眼点

现有关于竞争优势的理论提到了许多决定或影响企业竞争优势的关键要素，如产业条件、市场结构、资源优势、技术要素、人才要素、成本要素、组织能力、网络关系、信息要素等，也探讨了要素之间的关系或机制如何作用或影响企业竞争力。当前的竞争优势理论尽管可以为企业自身获得竞争优势和企业之间比拼竞争优势提供合理的解释，但这些解释仍然没有抓到企业在复杂环境中构建和保有竞争优势并可以落到实处的痛点问题，让企业没有信心实施或判断按照专家的"思想路线"和"对策药方"是否可以建立真实可靠的竞争力。

基于此，相对优势理论将所有构建相对优势的方案、措施都落脚到"效率"，围绕各种效率指标分析、设计、实施、评判和改进各种竞争要素的含量（结构与数量），这是东方希望集团的相对优势理论的"核心密码"——刘永行反复强调"'相对竞争优势论'的核心是效率问题"。企业作为经济组织，都是通过尽可能多地争夺资源，而尽可能少地消耗资源与能量，获得最大产出并争取最多利润而生存和发展。

因此，企业的任何经营管理动作都可以视为消耗资源与能量，率先发现及利用有价资源，并消耗越少资源便可能获得更高价值的产出及收益，而这些集中体现为企业的经营效率。例如，资金投入的经营效率方面，刘永行在总结饲料经营经验时指出企业资金投入的回报率不能等于饲料行业资本的平均收益率，应当超出的平均收益率部分才是资金回报率，这才体现了公司的经营效率优势，这是相对优势构建时要把握的管理的经济性原则①。比如，从人力资源投入、人员激励（包括年终奖）、职工能力提升、岗位设置与调整等人力资源要素塑造核心竞争力获得相对优势，怎么投入、怎么变革、怎么评价，最核心的要落实到劳动效率的提升与劳动成本的节约上来，这个提升与节约就是劳动效率——东方希望集团用吨均工资含量或吨均工作费用来体现。又比如，企业从技术革新、流程变革、制度设计、工艺方法等方面塑造技术的相对优势与组织能力的相对优势，怎么做才是有效及高效的，东方希望集团认为最重要的是要标准化，然后是精益求精。只有标准化才能被快速复制形成规模经济性；只有标准化才能保持稳定的工作品质，从而获得稳定的质量并减少浪费；只有标准化才能降低财务成本和管理成本，提供内部资源的使用效率。

对于传统制造行业的效率与相对竞争力的关系，刘永行曾说过，要获得和保持5~10年的竞争优势，企业"唯一能做的就是提高劳动效率和管理水平，降低吨电耗、吨费用、吨均人力成本，以达到销量大、质量好、盈利好、效率高的效果"，才能满足客户"付出少一点，得到多一点"的需求，创造顾客价值，形成竞争优势②。

3. 观念与文化是相对优势论的"底座"

我们跟踪有关竞争优势的相关研究，发现很少有把企业文化作为竞争优势的核心要素并进行系统论证的，尽管许多学者与经理人都认同文化是核心能力中难以乃至不可复制的要素。而在实践中把企业文化作为竞争优势构建着力点并始终如一坚持的则同样稀缺。东方希望集团则将观念和文化视为企业相对竞争优势的最强指挥棒，并深信企业文化是生产力，"观念是第一生产力"。文化能在领导、制度、流程运行、资源配置、激励、业务工作中不断地被执行并形成正向反馈，它就能最大限度地减少交易成本、管理成本，避免内耗从而增强组织的生命力、战斗力，最后必定能转化为强大的竞争优势。

东方希望集团深信此理，集团建立一套完整、简明，甚至直白的企业文化体

① 唐勇，王林农．中国式精益化管理［M］．广州：广东经济出版社，2014：103.
② 唐勇，王林农．中国式精益化管理［M］．广州：广东经济出版社，2014：149.

系，包括了哲理观、价值观、投资观、管理观、安全观，并充分体现在公司各项工作活动中，体现的方式不是子公司、管理部门、员工知道这些观念和文化，而是在工作活动中体现观念和文化。打开东方希望集团官网企业文化栏目，可以看到，"顺势、明道、习术"的哲理观念处于先导之位，"诚信、榜样、相对优势、贡献"的价值观念体现人文中心地位，"既好又快还省"的投资理念和"领导、时间、安全"的管理理念作为先导和中心文化理念的左右手，驱动公司经营管理"取顺势，明大道，优管理技术，创造相对优势，贡献客户价值，成就实效领先"。公司对企业文化与经营、管理之间的协同关系显得非常清楚，经营和管理理念处处体现了公司的哲理观念和价值观念，管理观念虽然表述的是"观念"，但标注化、数量感、制度化特性明显，使企业文化落地有可靠的抓手。

第七章　研究结论与创新点

第一节　结论

（1）在总结相关研究基础上，根据自身长期的观察和研究界定了领先企业的概念

何为领先企业，领先企业的领先性从哪些方面来识别，这方面的探讨见仁见智。我们总结提炼相关的研究，并依据多年的研究体会，提出领先企业主要是就行业中的"领跑者"及其生态位来说的，领先企业应是经营成效持续居于产业或行业"领跑"位势，并在技术、研发、市场、整体运营、组织文化、管理制度或品牌塑造等方面做出广受认可的价值贡献的典范企业。提出了领先企业应总体上满足 10 个标准。

（2）从理论价值、实践示范价值和本土文化价值三个方面分析了我国领先企业实践的价值贡献

领先企业的许多成功的管理实践经过科学研究和多次实践检验，被提炼为管理理论和管理方法，它们的实践成为许多后发企业的健康发展与高效管理提供示范比照的样本。中国领先企业的管理思想，在解决中国管理实践问题的同时，也

可以有助于改进基于西方管理理论的学术研究。

（3）从实践者视角提炼了领先企业实践的本土管理理论发展路径

通过对华为、海尔实践素材的扎根方法论研究，提出"实践—问题—命题—理念/理论—再实践"螺旋性管理实践研究逻辑。

（4）从研究者视角提炼了领先企业实践研究的本土管理发展路径

以社会建构论为指导，提出管理实践研究的 4P 方法论，管理研究者亦应当是"管理行动者"，企业管理者亦应当是"实践研究者"，他们共同面对真实的竞争对决、管理诘难、运营棋局和经营两难。

（5）归纳总结了华为、海尔、东方希望三家领先企业长期自主探索形成的实践形态的本土管理理论

基于本书关于企业自主管理实践研究视角和 4P 方法论，归纳总结了海尔"人单合一"的实践管理理论、华为的灰度管理的实践管理理论、东方希望的相对优势实践管理理论，并指出其学术与实践价值。

第二节　创新点

本书以探讨领先企业管理实践的理论价值发现为主题，尝试在领先企业研究价值发掘与管理实践研究方法论方面做出一点努力与贡献。由此，本书的主要创新点有以下四点：

（1）研究视角新颖

本书的研究成果从（领先）企业自主实践研究和建构主义思想两个视角探索如何从本土实践中发展本土管理理论，体现了新的研究视角。一是站在本土领先企业本位视角，研究本土实践者如何发展自己理论的逻辑；二是站在研究者的实践场景建构研究视角，分析提炼实践研究的方法论。这两个视角结合有别于从假设模型到实证检验或案例验证，可以确实帮助学者借助此视角所取得的成果更

有效、更接地气从事本土管理研究，提出避免"实践脱节"而又有学科贡献的"管理的中国理论"。

（2）系统阐释了我国领先企业成功实践的价值逻辑

本研究从实践示范性、文化性、学术性三个角度系统分析了我国领先企业的管理实践的价值逻辑，从而构建了我国领先企业价值发现的三维坐标，为全面、客观认知领先企业管理实践的学科价值提供了参考框架。

（3）提炼了（领先）企业自主管理研究的内在机理

在当前企业实践研究或案例研究中，有不少研究关注企业特别是企业家领导、决策乃至心理方面的特点、过程及结果，但很少关注企业和企业家是如何系统思考本企业的问题，开展本企业研究，发展本企业的"管理理论"的。我们以海尔、华为两家典型领先企业实践为素材，采用扎根方法论，提炼了"实践感知—命题归纳—检验升级—理论原型"为主范畴结构的"螺旋式实践嵌入"自主性研究的整体机理。它有助于找到破解理论与实践二元分割与对立的方法，探索并找到管理的研究成果与实践问题重合点的方法论，从而减少甚至解决管理理论研究与实践脱节问题；通过分析企业和企业家实践思考的心智与行动机理，发现领先企业研究自身重大管理问题与学者研究的共通点，有助于找到研究者与实践者协同合作价值共识、理念共识、概念共识，推动管理研究与实践的相容性。

（4）提出了管理实践研究的 4P 方法论

对于管理研究者而言，将自身所掌握的管理专业知识嵌入实践中进行转化和验证，只是研究者嵌入实践中"自发"产生的一种科学实践与行动过程。基于社会建构主义与场域结构论，提出的研究者嵌入实践为中心的"实践—问题—命题/模型—学说"的 4P 方法论，为管理研究者扎根"管理实践大地"，探索中国企业管理的理论知识、发展逻辑与文化基因提供了可资批判借鉴的方法论。

第三节　展望

　　自直面中国管理实践的研究议题在国内乃至海外兴起以来，越来越多的学者和实践者参与到这一议题中。近五年来，这一议题的研究当中，许多的学者正朝着通过何种路径构建中国本土管理知识和发展管理的中国理论进发。虽然许多学者对此都提出了真知灼见，但笔者尤感研究者在面对复杂而多样中国商业实践，在沉浸和出离中国企业的管理实践，从而发展兼具"理论特征和实践成效"的管理知识方面，还有很长的路要探索，还有许多悬而未决的问题需要面对。

　　我国领先企业作为在市场、技术、管理和行业贡献等方面具有领先优势的企业，并不是先天获得的，而是和当下许多创业企业一样，经历过并仍在经历复杂市场与社会情境考验，特别是一开始就面对国外领先企业所具有的全方位的优势。在这样的后发劣势发展环境中，这些当年的创业企业通过学习与融入西方管理制度方法、英雄领袖型领导、渠道驱动、多边利益共同体构建、快速市场反应等经营管理实践，走出了后发劣势的生存困境，并逐渐形成了自己的核心竞争力和行业影响力，成为国内乃至国际的领先企业。它们的创业、成长、领先和全球化的管理经验与规律性探索为本土管理理论发展提供了充分的养料。

　　本书以领先企业管理实践的理论发掘为研究对象，论证了领先企业管理实践的价值，特别是理论价值，分别从实践者和研究者角度探索并提炼了领先企业管理实践理论开发的方法论与路径，对于如何科学推进实践导向的管理研究有一定的启发价值，但仍有不少不尽如人意和需要进一步研究的问题：

　　第一，两种管理实践的理论开发路径素材与案例不充分问题。尽管两种理论开发路径的分析论证中有海尔、华为的素材与案例，但案例与素材的样本还是较少，还需要进一步扩展相关案例研究来增强说服力。

　　第二，两种管理实践的理论开发路径的比较与结合问题。本书从管理实践者与研究者两个角度提炼了两种研究路径，前一种适合企业家和企业来研究自身的管理思想，也对管理研究者有很好的启发价值，是否能够为专业研究者使用目前存疑。后一种显然是研究者嵌入企业实践的研究方法，它基本不适合管理实践者研究自身的管理活动。两种理论开发路径能否结合，形成一个更有效的理论开发模式，本书没有进行比较和探索。

第三，从领先企业管理实践来开发本土管理理论的风险问题。领先企业管理实践固然沉淀有许多经验性、实践性管理知识，它们的知识能否整合为一体性或接近一体性的管理理论，这是一个难度很大的"理论方程"。另外，它们是否能够代表一个国家管理理论，能否经得起历史、时代和国别文化的检验，这仍然存在理论有效性的风险问题。

参考文献

［1］波士顿咨询公司．打造全球一流的价值创造型企业集团中国企业竞争力［R］．2011.

［2］伯格，卢克曼．现实的社会构建［M］．汪涌译．北京：北京大学出版社，2009.

［3］曹祖毅，谭力文，贾慧英．脱节还是弥合？中国组织管理研究的严谨性、相关性与合法性——基于中文管理学期刊 1979～2018 年的经验证据［J］．管理世界，2018，34（10）：208-229.

［4］曹祖毅．中国管理研究道路选择：康庄大道，羊肠小道，还是求真之道？——基于 2009～2014 年中文管理学期刊的实证研究与反思［J］．管理世界，2017，282（3）：159-169.

［5］陈春花，陈鸿志．基于实践导向的管理研究成果评价探析［J］．管理学报，2012，9（3）：315-321.

［6］陈春花，乐国林，曹洲涛．中国领先企业管理思想研究［M］．北京：机械工业出版社，2014.

［7］陈春花，刘祯．中国管理实践研究评价的维度——实践导向与创新导向［J］．管理学报，2011，8（5）：636-639+647.

［8］陈春花，马胜辉．中国本土管理研究路径探索——基于实践理论的视角［J］．管理世界，2017（11）：158-169.

［9］陈春花，宋一晓，曹洲涛．中国本土管理研究的回顾与展望［J］．管理学报，2014，11（3）：321-329.

［10］陈春花，赵曙明，赵海然．领先之道（修订版）［M］．北京：机械工业出版社，2016：3-167.

［11］陈春花，赵曙明，赵海然．领先之道［M］．北京：中信出版社，2004.

［12］陈春花．浅论管理研究与管理实务的结合［J］．管理学报，2017，14（8）：1123-1127.

［13］陈春花．管理研究与管理实践之弥合［J］．管理学报，2017，14（10）：1421-1425.

［14］陈春花．中国企业管理实践研究的内涵认知［J］．管理学报，2011，8（1）：1-5.

［15］陈劲，王鹏飞．以实践为导向的管理研究评价［J］．管理学报，2010，7（11）：1671-1674.

［16］陈劲，阳银娟．管理的本质以及管理研究的评价［J］．管理学报，2012（2）：172-178.

［17］陈晓萍，徐淑英，樊景立．组织与管理研究的实证方法［M］．北京：北京大学出版社，2008.

［18］成思危．管理科学的现状与展望［J］．管理科学学报，1998（1）：10-16.

［19］成中英，晁罡，姜胜林，岳磊．C 理论、C 原则与中国管理哲学［J］．管理学报，2014，11（1）：22-36.

［20］邓晓芒．新批判主义［M］．北京：北京大学出版社，2008.

［21］杜欣，邵云飞，钱航．集群领先企业与跟随企业的协同创新过程模型［J］．技术经济，2012（10）：35-39.

［22］杜运周，孙宁．构建中国特色的管理学理论体系：必要性、可行性与思路［J］．管理学报，2022，19（6）：811-820.

［23］范培华，高丽，侯明君．扎根理论在中国本土管理研究中的运用现状与展望［J］．管理学报，2017，14（9）：1274-1282.

［24］高婧，杨乃定，杨生斌．关于管理学本土化研究的思考［J］．管理学报，2010，7（7）：949-955.

［25］高良谋，高静美．管理学的价值性困境：回顾、争鸣与评论［J］．管理世界，2011（1）：145-167.

［26］高旭东．国际化与中国本土企业"以弱胜强"的创新战略［J］．科学学与科学技术管理，2012，33（4）：44-53.

［27］管理学报编辑部．直面中国管理实践　催生重大理论成功——国家自然科学基金委员会管理科学部第二届第一次专家咨询委员会扩大会议纪要［J］．管理学报，2005，2（2）：127-128.

［28］郭年顺，李君然．本土半导体企业打破"后进者困境"的路径和机制——以华为海思为例［J］．企业经济，2019（6）：97-106.

［29］郭毅．活在当下：极具本土特色的中国意识——一个有待开发的本土管理研究领域［J］．管理学报，2010，7（10）：1426-1432.

［30］郭重庆．中国管理学界的社会责任与历史使命［J］．中国科学院院刊，2007，5（2）：320-322.

［31］郭重庆．中国管理学者该登场了［J］．管理学报，2011，8（12）：1733-1747.

［32］韩巍．"管理学在中国"——本土化学科构建几个关键问题的探讨［J］．管理学报，2009，6（6）：711-717.

［33］韩巍．从批判性和建设性的视角看"管理学在中国"［J］．管理学报，2008，5（2）：161-169.

［34］韩巍．情境研究：另一种诠释及对本土管理研究的启示［J］．管理学报，2017，14（7）：947-954.

［35］韩巍．哲学何以在场：中国本土管理研究的视角［J］．管理学报，2014，11（6）：781-787.

［36］黄海昕，苏敬勤，杨松，贺文轩．中国本土企业内部情境的内涵解构与交互系统逻辑建构［J］．管理学报，2019，16（3）：325-332.

［37］黄津孚．"中国式管理"研究的六个基本命题［J］．经济管理，2006，28（11）：4-9.

［38］黄如金．和合管理：探索具有中国特色的管理理论［J］．管理学报，2007（2）：135-143.

［39］贾旭东，衡量．基于"扎根精神"的中国本土管理理论构建范式初探［J］．管理学报，2016，13（3）：336-346.

［40］解保军．科学猜想———一种有效的思维方法［J］．中国青年政治学院学报，1993（2）：22-25.

［41］井润田，程生强，袁丹瑶．本土管理研究何以重要？——对质疑观点的回应及对未来研究的建议［J］．外国经济与管理，2020，42（8）：3-16.

［42］康荣平，柯银斌．中小企业：利基战略助你掘金［J］．中外管理，2006（9）：98-100.

［43］柯林斯．基业长青［M］．真如译．北京：中信出版社，2009：50.

［44］拉卡托斯，马斯格雷夫．批判与知识的增长［M］．周寄中译．北京：华夏出版社，1987.

［45］蓝海林，宋铁波，曾萍．情境理论化：基于中国企业战略管理实践的探讨［J］．管理学报，2012，9（1）：12-16.

［46］蓝海林．建立"世界级企业"：优势、路径与战略选择［J］．管理学报，2008，5（1）：9-13.

［47］乐国林，陈春花．"和""变""用"管理思想与领先企业实践的探索性研究［J］．管理学报，2014，11（7）：944.

［48］乐国林，陈春花，毛淑珍，曾昊．基于中国本土领先企业管理实践研究的4P方法论探索［J］．管理学报，2016，13（12）：1766-1774.

［49］乐国林，毛淑珍，等．管理研究与实践的互动关系研究——基于场域与效能的探索［M］．北京：经济管理出版社，2017：31.

［50］乐国林．实践导向管理研究评价的基本问题探讨——兼论由"出路与展望：直面中国管理实践"引发的学术争鸣［J］．管理学报，2012，9（8）：1147-1153．

［51］乐国林．文化资本与企业成长关系研究［M］．北京：经济科学出版社，2010．

［52］李京文，关峻．中国管理科学发展方向之管窥［J］．南开管理评论，2009（1）：6-9．

［53］李培林．管理理论与实践脱节问题的求解——《管理研究与实践互动关系研究：基于场域与效能的探索》评价［J］．经济经纬，2019，36（5）：165．

［54］李培挺．直面实践、知识生产对比与本土管理创新理论生成研究［J］．浙江工商大学学报，2020（1）：128-139．

［55］李平．中国管理本土研究：理念定义及范式设计［J］．管理学报，2010，7（5）：633-648．

［56］李鑫．中国传统哲学与本土管理研究：讨论与反思［J］．管理学报，2013，10（10）：1425-1433．

［57］李志刚，许晨鹤，乐国林．基于扎根理论方法的孵化型裂变创业探索研究［J］．管理学报，2016，13（7）：972-979．

［58］李志刚，许晨鹤，刘振．商业模式传承型裂变创业内在机理研究［J］．南开管理评论，2017，20（5）：169-180．

［59］李志刚．扎根理论方法在科学研究中的应用［J］．东方论坛，2007（4）：90-94．

［60］梁觉，李福荔．中国本土管理研究的进路［J］．管理学报，2010，7（5）：642-648．

［61］刘菲菲，汪涛．中国文化与组织行为：本土管理研究的路径探讨［J］．商业经济与管理，2021（12）：51-61．

［62］刘人怀，姚作为．传统文化基因与中国本土管理研究的对接：现有研

究策略与未来探索思路［J］．管理学报，2013，10（2）：157-167.

［63］刘书博．中国商学院管理学教育的困境与出路［J］．管理学报，2021，18（11）：1600-1604.

［64］刘源张．中国管理学的道路——从与经济学的比较说起［J］．上海质量，2006（8）：22-25.

［65］吕力．"直面中国管理实践"的根本性问题与作为"系统反思"的元管理研究［J］．管理学报，2012，9（4）：506-515.

［66］吕力．管理学如何才能"致用"——管理学技术化及其方法论［J］．管理学报，2011（6）：796-826.

［67］吕力．人类学视野下的本土管理实践［J］．未来与发展，2009（8）：10-13.

［68］吕力．中国本土管理研究中的"传统文化构念"及其变迁［J］．商业经济与管理，2019（5）：39-45.

［69］鲁桐．中国企业"走出去"的战略选择［J］．当代世界，2007（8）：50-52.

［70］罗兰贝格．中国如何造就全球龙头企业［J］．中国工业评论，2017（7）：19-25.

［71］罗珉．管理学范式理论研究［M］．成都：四川人民出版社，2003.

［72］罗珉．实践——德鲁克管理思想的灵魂［J］．外国经济与管理，2007（8）：58-65.

［73］骆正清，张薇．创业型企业的企业文化落地——以阿里巴巴集团为例［J］．中国人力资源开发，2013（13）：49-53.

［74］骆志豪，胡金星．高层管理者的心智模式研究［J］．学海，2010（6）：56-59.

［75］慕凤丽，Hatch J H．全球化背景下中西方管理教育思想之碰撞与思考［J］．浙江学刊，2017（5）：188-193.

［76］庞大龙，徐立国，席酉民．悖论管理的思想溯源、特征启示与未来前

景［J］．管理学报，2017（2）：168-175．

［77］彭贺．严密性和实用性：管理学研究双重目标的争论与统一［J］．外国经济与管理，2009（1）：11-17．

［78］彭贺．从管理与文化的关系看中国式管理［J］．管理学报，2007，4（3）：253-257．

［79］彭贺．西方管理教育的审视与借鉴［J］．管理学报，2010，7（8）：1130-1136．

［80］彭贺．作为研究者的管理者：链接理论与实践的重要桥梁［J］．管理学报，2012，9（5）：637-641．

［81］齐善鸿，白长虹，陈春花，等．出路与展望：直面中国管理实践［J］．管理学报，2010，7（11）：1685-1691．

［82］齐善鸿，邢宝学．解析"道本管理"的价值逻辑——管理技术与文化融合的视角［J］．管理学报，2010，7（11）：1584-1590．

［83］任兵，楚耀．中国管理学研究情境化的概念、内涵和路径［J］．管理学报，2014，11（3）：330-336．

［84］任慧媛，陈春花．领先企业都在坚定地做四件事［J］．中外管理，2019（7）：53-55．

［85］石书德．国际领先企业的技术创新评价指标体系研究［J］．科技和产业，2012（10）：53-56．

［86］苏东水．开放中的东方管理教育［J］．江西财经大学学报，2003（6）：9-11．

［87］苏东水．论东方管理文化复兴的现代意义［J］．复旦学报，2001（6）：109-113．

［88］苏敬勤，马欢欢，张帅．本土管理研究的传统文化和情境视角及其发展路径［J］．管理学报，2018，15（2）：159-167．

［89］苏敬勤，张琳琳．情境视角下的中国管理研究——路径与分析框架［J］．科学学研究，2015，33（6）：824-832+858．

［90］苏勇，李倩倩，谭凌波．中国传统文化对当代管理实践的影响研究［J］．管理学报，2021，17（12）：1751-1759.

［91］苏勇，段雅婧．当西方遇见东方：东方管理理论研究综述［J］．外国经济与管理，2019，41（12）：3-18.

［92］孙东川，林福永，孙凯．创建现代管理科学的中国学派及其基本途径研究［J］．管理学报，2006（2）：127-131+142.

［93］谭力文．中国管理学构建问题的再思考［J］．管理学报，2011，8（11）：1596-1603.

［94］王东民．探秘稻盛和夫的成功之道——价值观管理［J］．企业活力，2010（10）：47-50.

［95］王亚南．美国通用电气公司保持领先地位的秘诀——战略、企业文化分析［J］．商场现代化，2012（20）：45.

［96］魏江，杨佳铭，陈光沛．西方遇到东方：中国管理实践的认知偏狭性与反思［J］．管理世界，2022（11）：49-58.

［97］吴晓波，穆尔曼，等．华为管理变革［M］．北京：中信出版社，2017：16-17.

［98］西蒙·赫伯特．管理行为［M］．詹正茂译．北京：机械工业出版社，2013.

［99］席酉民，刘鹏．管理学在中国突破的可能性和途径——和谐管理的研究探索与担当［J］．管理科学学报，2019，22（9）：1-11.

［100］席酉民．管理与管理研究的几点理论思考［J］．系统工程理论与实践，1998（7）：8-15.

［101］夏福斌．管理学术期刊的职责和使命——基于管理研究与实践脱节的分析［J］．管理学报，2014，11（9）：1287-1292.

［102］谢佩洪，魏农建．中国管理学派本土研究的路径探索［J］．管理学报，2012，9（9）：1255-1262.

［103］徐淑英，吕力．中国本土管理研究的理论与实践问题：对徐淑英的访

谈［J］．管理学报，2015，12（3）：313-321.

［104］徐淑英，张志学．管理问题与理论建立：开展中国本土管理研究的策略［J］．南大商学评论，2005（4）：1-18.

［105］杨中芳．传统文化与社会科学结合之实例：中庸的社会心理学研究［J］．中国人民大学学报，2009（3）：53-59.

［106］姚文峰．后现代主义知识观及其对教育的启示［J］．教育探索，2004（7）：70-73.

［107］佚名．再问管理学——"管理学在中国"质疑［J］．管理学报，2013，10（4）：469.

［108］余明阳．中国的商学院向何处去——中国管理教育的深层反思［J］．管理学报，2012，9（11）：1577-1580.

［109］约翰·齐曼．真科学［M］．曾国屏等译．上海：上海科技教育出版社，2002：388.

［110］臧志，沈超红．管理研究者和实践者共同语言的构建［J］．管理学报，2011，8（6）：820-822.

［111］曾仕强．中国式管理［J］．企业文化，2005（8）：74-77.

［112］张兵红，吴照云．中国管理理论概念研究：演变、重构及延伸［J］．商业经济与管理，2021（11）：47-61.

［113］张恒军．青岛啤酒："一带一路"上中华文化的标志性符号［J］．商业文化，2017（24）：20-25.

［114］张洁，何代欣，安立仁，等．领先企业开放式双元创新与制度多重性——基于华为和IBM的案例研究［J］．中国工业经济，2018（12）：170-188.

［115］张敏，凡培培，战徐磊．领先企业与追随企业的双元创新进化博弈分析［J］．重庆三峡学院学报，2017（6）：32-40.

［116］张瑞敏．我阅读是实用主义 平均一周读书两本以上［N］．经济观察报，http://tech.sina.com.cn/it/2017-04-23/doc-ifyepsch 2653212.shtml.

［117］张玉利，李静薇．基于实践的学术问题提炼与中国管理模式总结

［J］．管理学报，2012，9（2）：179-183.

［118］张玉利．管理学术界与企业界脱节的问题分析［J］．管理学报，2008，5（3）：336-339.

［119］章凯，罗文豪，袁颖洁．组织管理学科的理论形态与创新途径［J］．管理学报，2012，9（10）：1411-1417.

［120］章凯，罗文豪．中国管理实践研究的信念与取向——第7届"中国·实践·管理"论坛的回顾与思考［J］．管理学报，2017，14（1）：1-7.

［121］章凯，张庆红，罗文豪．选择中国管理研究发展道路的几个问题——以组织行为学研究为例［J］．管理学报，2014，11（10）：1411-1419.

［122］赵良勇，齐善鸿．直面实践的管理研究与德鲁克之路［J］．管理学报，2016，13（11）：1606-1613.

［123］周建波．从管理与文化的关系看中国特色的管理学［J］．管理学报，2007（2）：144-151+156.

［124］周建波．当代中国管理实践与理论研究的情境模式［J］．理论探讨，2012（4）：82-86.

［125］周锡冰．任正非谈华为管理哲学［M］．深圳：海天出版社，2018：159-161.

［126］周禹，刘光建，唱小溪．管理学"矛盾视角"的概念内涵与主要范式［J］．管理学报，2019（9）：1280-1289.

［127］Banks G C, Pollack J M, Bochantin J E, et al. Management's Science-Practice Gap: A Grand Challenge for All Stakeholders［J］. Academy of Management Journal, 2016, 59（6）: 2205-2231.

［128］Bartunek J M, Rynes S L. Academics and Practitioners are Alike and Unlike the Paradoxes of Academic Practitioner Relationships［J］. 2014, 40（5）: 1181-1201.

［129］Bennis W G, O'Toole J. How Business Schools Lost Their Way［J］. Harvard Business Review, 2005, 83（5）: 96.

［130］ Chen J R, Leung K, Chen C C. Bringing National Culture to the Table: Making a Difference with Cross-Culture Differences and Perspectives ［J］. Academy of Management Annals, 2009, 3 (1): 217-249.

［131］ Cheng B S, Wang A C, et al. The Road More Popular versus the Road Less Traveled: An "Insider" s' Perspective of Advancing Chinese Management Research ［J］. Management and Organization Review, 2009, 5 (1): 91-105.

［132］ Diamggio P, Powell W. The Iron Cage Revisited: Institutional Isomorphism and Collective Rationality in Organizational Fields ［J］. American Sociological Review, 1983, 48 (2): 147-160.

［133］ Empson L. My Affair With the "Other" Identity Journeys Across the Research-Practice Divide ［J］. Journal of Management Inquiry, 2013, 22 (2): 229-248.

［134］ Freek, Vermeulen. On Rigor and Relevance: Fostering Dialectic Progress in Management Research ［J］. Academy of Management Journal, 2005, 48 (6): 978-982.

［135］ Gergen K J. Realities and Relationships: Soundings in Social Construction ［M］. Cambridge, MA: Harvard University Press, 1994: 49.

［136］ Glaser B. G. Theoretical Sensitivity ［M］. Mill Valley, CA: The Sociology Press, 1978: 156-164.

［137］ Jia L, You S, Du Y. Chinese Context and Theoretical Contributions to Management and Organization Research: A Three-Decade Review ［J］. Management and Organization Review, 2012, 8 (1): 173-209.

［138］ Keving C, Dennisa G. Building Theory About Theory Building: What Constitutes a Theoretical Contribution ［J］. Academy of Management Review, 2011, 36 (1): 12-32.

［139］ Kieser A, Leiner L. Why the Rigours-Relevance Gap in Management Research Is Unbridgeable ［J］. Journal of Management Studies, 2009, 46 (3):

516-533.

[140] Lewin K. The Research Center for Group Dynamics at the Massachusetts Institute of Technology [J]. Sociometry, 1945, 8 (2): 126-136.

[141] Prahalad C. K., Hamel G. The Core Competence of the Corporation [J]. Harvard Business Review, 1990, 68 (3): 79-91.

[142] Rasche A, Behnam M. As If it Were Relevant: A Systems Theoretical Perspective on the Relation Between Science and Practice [J]. Journal of Management Inquiry, 2009, 18 (3): 243-255.

[143] Shrivastava P. Rigor and Practical Usefulness of Research in Strategic Management [J]. 1987, 8 (1): 77-92.

[144] Singh G, Hadda D K, Chow C. Are Article s in "Top" Management Journals Necessarily of Higher Quality [J]. Journal of Management Inquiry, 2007, 16 (4): 319-331.

[145] Stam H. Personal-construct Theory and Social Constructionism: Difference and Dialogue [J]. Journal of Constructivist Psychology, 1998 (11): 196.

[146] Steiber A, Alänge S. A Corporate System for Continuous Innovation: The Case of Google Inc. [J]. European Journal of Innovation Management, 2013, 16 (2): 243-264.

[147] Teece D., Piasno G., Shuen A. Dynamic Capabilities and Strategic Management [J]. Strategic Management Journal, 1997, 18 (7): 509-533.

[148] Tkachenko O, Hahn H J, Peterson S L. Research-Practice Gap in Applied Fields: An Integrative Literature Review [J]. Human Resource Development Review, 2017, 16 (3): 235-262.

[149] Tsang E W K. Chinese Management Research at a Crossroads: Some Philosophical Considerations [J]. Management and Organization Review, 2009, 5 (1): 131-143.

[150] TSUI A S. Autonomy of Inquiry: Shaping the Future of Emerging Scientific

Communities ［J］. Management and Organization Review, 2009, 5 (1): 1-14.

［151］ Whettend A. An Examination of the Interface between Context and Theory Applied to the Study of Chinese Organizations ［J］. Management and Organization Review, 2009, 5 (1): 29-55.

［152］ Whitley R. The Scientific Status of Management Research as a Practically-Oriented Social Science ［J］. The Journal of Management Studies, 1984, 21 (4): 369-390.

［153］ Zhang Y, Waldman D A, Han Y L, et al. Paradoxical Leader Behaviors in People Management: Antecedents and Consequences ［J］. Academy of Management Journal, 2015, 58 (2): 538-566.

［154］ Zukin S, Dimaggio P. Structures of Capital: The Social Organization of Economy ［M］. Cambridge: Cambridge University Press, 1990.

后 记

拙作《我国领先企业管理实践的理论价值发现：从实践到理论的路径探索》即将付梓，回首研究与成稿之路，内心有完成任务的喜悦，也有码字不易的感慨和未尽善如意的遗憾。本著作是在我的教育部人文社科课题（课题号：16YJA630023）结题成果基础上，修改、拓展和增加新的内容所形成。课题结题前后发表了4篇重点期刊文章并有2个合作出版的案例，成果基础比较好，特别是近年来管理学科越来越重视我国自己的理论自信、学科自信的培养与建立，打造学术的"中国学派""中国气派"越来越成为学界的共识，管理学界走向"管理田园"，浸润管理实践的氛围正在形成，因此，我思考在结题基础上，拓展和加深研究成果，为本土管理的发展与企业实践尽绵薄之力。

如何更科学、有效地从我国企业实践中发现实践的理论价值和发展管理理论/思想，这是中国管理学界必须要面对和解决的现实问题之一。拙作立意于此，揭示了领先企业管理的理论价值，提炼企业自身创造"管理微理论"和学者立身实践构建理论的路径，或许能为学界、业界提供一点启发。进一步，提供三个中国案例企业的微理论的总结和研究价值的揭示，不仅进一步引证了本书的结论，更为我们树立中国管理模式的实践自信、理论自信提供了依据。

多年来，我一直参与"中国管理模式杰出奖"的调研与评选，这为我持续接触和了解中国领先企业的先进实践和企业家的深邃思考提供了机会，拙作也是"中国管理模式C50+"平台成果的展示，感谢C50平台王方华教授、徐少春主席、马旭飞教授等各位前辈与同仁的提携与支持！在结题与成书的研究写作中，除了本书的合作者的贡献外，导师陈春花教授一直在鼓励我深耕领先企业领域的研究，并对研究成果进行了指导和帮助，在此感恩、感谢！我的同事孙秀明、徐振亭等老师在文献、案例等方面也参与了部分工作或提供了帮助，我的研究生王海霞、王一鸣、王丹妮、夏惠、沈雨晴等参与了第二章、第四章和案例章等内容研究、修订，在此表示感谢！最后，感谢经济管理出版社申桂萍主任对本人研究的支持，是她的鼓励与鞭策，推动我克服结题后的怠惰，多次修改，才有机会"码字"成功！也对出版社各位编审老师专业、细致、辛劳的工作，表示敬意！著作吸收了许多同行学者的成果观点，成书仓促难免有疏漏，如有不妥请予指正为感！

乐国林

2023 年 4 月 29 日于青岛